Wider das Vergessen

Widerstand und Verfolgung
Bochumer Frauen und Zwangsarbeiterinnen
1933 – 1945

herausgegeben von

Karin Finkbohner, Betti Helbing, Carola Horn, Anita Krämer,
Astrid Schmidt-Ritter, Kathy Vowe

Projektgruppe „Wider das Vergessen"

im Frauenverband Courage e.V. Ortsgruppe Bochum

RuhrEcho Verlag
Bochum

Bibliografische Information der Deutschen Nationalbibliothek

Die Deutsche Nationalbibliothek verzeichnet diese Publikation in der Deutschen Nationalbibliografie; detaillierte bibliografische Daten sind im Internet über https://www.dnb.de/DE/Home/home_node.html abrufbar.

Wir bedanken uns bei dem Kulturbüro der Stadt Bochum, dem Stadtarchiv Bochum, dem Staatsarchiv Münster, Waltraud Jachnow, Christel Rieck und Klaus Kunold (VVN), die uns bei der Erstellung der Broschüre unterstützt haben, und bei den Bochumer Courage-Frauen des Frauenverbandes Courage e.V. (www.fvcourage.de).

1. Neuherausgabe 2020

RuhrEcho Verlag – Gleising und Pfromm GbR, Bochum

Satz, Umschlaggestaltung und Reinzeichnung: Georg Fröhlich

Druck: Allgäu Druck & Medien, D-87656 Germaringen

ISBN: 978-3-931999-27-8

Euro 00750

Inhalt

Geleitworte

Sophie Scholl und die Frauen aus der Berliner Rosenstraße, die gegen die Deportation ihrer Männer im Jahre 1943 protestierten, sind vielen als mutige Zeuginnen des Widerstands bekannt. Doch auch überall sonst in Nazi-Deutschland hat es engagierte Frauen gegeben, die sich mutig der braunen Diktatur widersetzten, so auch in Bochum!

Ich begrüße daher nachdrücklich das Engagement der Projektgruppe „Wider das Vergessen" im Frauenverband Courage e.V. Bochum, die sich seit vielen Jahren mit diesem dunkelsten Kapitel unserer Geschichte auseinandersetzt. In der vorliegenden Broschüre werden Frauen vorgestellt, die sich gegen die Nazis und trotz des hohen Risikos der Verfolgung und Bestrafung auf die Seite der Menschlichkeit gestellt haben.

Sie setzten damit ein Zeichen demokratischer Solidarität, das bis heute nichts an Bedeutung verloren hat und unser aller Respekt verdient.

Möge diese Schrift dazu beitragen, das Andenken an mutige Bochumer Frauen zu bewahren.

Dr. Ottilie Scholz

In der Vergangenheit wurde hauptsächlich über den Widerstand von Männern gegen das Nazi-Regime berichtet.

Aber es gab auch eine Reihe von bekannten und unbekannten Frauen, die ihr Leben für Freiheit, Gerechtigkeit und Demokratie während der Nazi-Zeit einsetzten.

So gab es auch in Bochum Frauen, die gegen die Nazis Widerstand leisteten.

Die Projektgruppe „Wider das Vergessen" des Frauenverbandes Courage e.V. Bochum hat sich mit der Herausgabe der Dokumentation nicht nur mit dem düsteren Kapitel unserer Geschichte auseinander gesetzt, sondern stellt den antifaschistischen Kampf der Bochumer Frauen vor und würdigt ihn.

Damit leistet sie einen wichtigen Beitrag zur antifaschistischen Geschichtsarbeit.

Klaus Kunold
Kreisvorsitzender der VVN-BdA Bochum

Vorwort
Unser Projekt – Wider das Vergessen –

Ziel unserer Recherchearbeit ist es, die Schicksale Bochumer Frauen, die sich gegen das faschistische Nazi-Regime gestellt haben und aufgrund ihrer Widerstandsarbeit verfolgt worden sind, zu dokumentieren und diese mutigen Frauen so vor dem Vergessen zu bewahren.

Ein wichtiger Grundsatz unserer Arbeit im Frauenverband Courage e.V. ist die ausdrückliche Ablehnung von faschistischem Denken und Handeln.

So entstand die Idee zur Recherchearbeit bei den Vorbereitungen zum 8. Mai 2005, dem Gedenktag zum Ende des Zweiten Weltkrieges vor 60 Jahren und dem Ende der faschistischen Herrschaft in Deutschland.

Wir waren sicher, in den Unterlagen des Bochumer Stadtarchivs auf zahlreiche Frauennamen und deren Lebensgeschichten zu stoßen.

Wir mussten jedoch bald feststellen, dass diese Hoffnung ein Trugschluss war.

Bei unseren nun folgenden Besuchen zur Literatursichtung in der Bibliothek des Ruhrgebiets/Institut für soziale Bewegungen (ISB) Bochum fanden wir ebenfalls nur wenig dokumentierte Namen.

In einem Gespräch mit Mitarbeitern des ISB wurde unser Eindruck bestätigt, dass hier in Bochum keine Unterlagen über den Widerstand Bochumer Frauen verfügbar sind.

Sie sind zum Teil verloren gegangen, zum größten Teil jedoch von der Gestapo vernichtet worden.

Aus demselben Grund konnte uns auch der Freundeskreis Lagergemeinschaft Ravensbrück nicht mit Namenslisten weiterhelfen.

Ebenso wenig hatten Parteien, Gewerkschaften oder die VVN (Vereinigung der Verfolgten des Naziregimes) Informationen über Widerstand von Bochumer Frauen im Faschismus.

Erst der Hinweis darauf, dass das Staatsarchiv Münster Einsicht in die Akten der Generalstaatsanwaltschaft Hamm und des Sondergerichtes Dortmund gewährt (beide waren auch mit den Fällen der Bochumerinnen befasst), führte uns weiter.

6

Unsere Recherchearbeit im Staatsarchiv Münster und hier insbesondere in den Wiedergutmachungsakten brachte uns endlich viele Namen von Bochumer Frauen, deren Lebensgeschichten durch ihre antifaschistische Haltung und ihre Widerstandsarbeit bestimmt waren.

Wir können so Namen und Schicksale von Frauen dokumentieren, deren Widerstand und Verfolgung sich auf ihre Partei- bzw. Gruppenzugehörigkeit gründeten (KPD, SPD, Internationaler Sozialistischer Kampfbund, Gewerkschaft, Glaubensgemeinschaft), aber auch solche, die nicht organisiert Widerstand geleistet haben (Unmutsäußerungen gegen Staat und Partei, Hilfe für Kriegsgefangene und ZwangsarbeiterInnen usw.).

Auf diese Weise wollen wir zeigen, dass Frauen nicht nur im Hintergrund als Unterstützerinnen der Männer im Widerstand agiert haben, sondern dass ihre vielfältige Widerstandtätigkeit als eigenständiges Handeln zu würdigen ist.

Den Mut all dieser Frauen, die trotz des hohen Risikos der Verfolgung und Bestrafung, nicht selten in Todesgefahr zu ihrer antifaschistischen Überzeugung gestanden haben, bewundern wir.

Gerade angesichts der Notwendigkeit solidarischen Handelns gegen wachsende Aktivitäten der neofaschistischen und rechtsradikalen Szene erscheint uns das Wissen um die menschenverachtende Terrorherrschaft des Naziregimes und die damit verbundene brutale Unterdrückung und Verfolgung jeglicher Form von Widerstand besonders wichtig.

Entsprechend soll unsere Broschüre ein Beitrag zur Erinnerungskultur sein.

Wir wünschen uns, dass sie dabei hilft, faschistisches Denken rechtzeitig zu erkennen und solidarisch Widerstand dagegen zu leisten.

Bild: Else Sunkel (zweite v. l.) vor der Kochbaracke des Zwangsarbeiterlagers der Zeche Caroline in Bochum-Kornharpen

I. Zur Situation der Frauen im Faschismus

SA –Aufmarsch Hannover 1933 (Fotograf: Walter Ballhause)

„Das hätt einmal fast die Welt regiert. Die Völker wurden seiner Herr. Jedoch Ich wollte, daß ihr nicht schon triumphiert: Der Schoß ist fruchtbar noch, aus dem das kroch."[1]   Bertolt Brecht

Zwölf Jahre nationalsozialistische Diktatur hinterließ Millionen Tote, Verstümmelte, Vernichtung. Zwölf Jahre Faschismus bedeutete zwölf Jahre Terrorherrschaft, gekennzeichnet durch Nationalismus, Menschen- und Demokratieverachtung, Antikommunismus, Rassismus, Gewalt, Unterdrückung, Ausbeutung und Krieg.

Auch Frauen wurden ausgebeutet, erniedrigt, missbraucht, entrechtet, verfolgt, gequält, gefoltert, ermordet.

Zur faschistischen Ideologie gehörte ein extrem frauenfeindliches und widerspruchsvolles Frauenleitbild:

· einerseits die Glorifizierung als Mutter und die Rolle als angepasste, anspruchslose, untergeordnete, unpolitische Hausfrau, Magd und Dienerin

· andererseits die Ausbeutung der Frauen als billige Arbeitskräfte zu Niedrigstlöhnen vor allem in der Rüstungsindustrie.

In den ersten Jahren des Faschismus von **1933 bis etwa 1937** versuchte man vor dem Hintergrund der Massenarbeitslosigkeit und Wirtschaftskrise die Frauenerwerbstätigkeit einzuschränken:

Bereits 1933 wurden die im Staatsdienst beschäftigten verheirateten Frauen entlassen (Verbot des „Doppelverdienertums") sowie liberale, sozialdemokrati-

---

1 Brecht, Bertolt: Gesammelte Werke, Frankfurt am Main: Suhrkamp Verlag, 1977, Seite 1048

Berliner Fahnenfabrik 1933

sche, kommunistische und jüdische Frauen. Das „Gesetz zur Verminderung der Arbeitslosigkeit" (1936) schickte die Frauen an den „häuslichen Herd" oder bei Niedriglöhnen in die Haus- und Landwirtschaft. Ehestandsdarlehen gab es nur noch bei Aufgabe des Berufs der Frau. Lediglich 10 Prozent der Studienanfängerinnen durfte weiblich sein. Gauleiter Gieslers Empfehlung an die Studentinnen anlässlich des 470-jährigen Bestehens der Münchner Ludwig Maximilian Universität: Sie sollten dem „Führer" lieber Kinder schenken, statt Studienplätze zu blockieren. Sollten sie nicht hübsch genug sein, einen Mann zu finden, so stünden seine Adjudanten für die Erfüllung der patriotischen Pflicht zur Verfügung.

Gut ausgebildete Juristinnen, Ärztinnen, Lehrerinnen, Beamtinnen und Frauen in höheren Positionen wurden genauso rücksichtslos vom Arbeitsmarkt verdrängt wie Frauen aus den Betrieben, Büros und Verwaltungsstellen. Neben der wirtschaftlichen Entrechtung erfolgte gleich zu Beginn der Nazidiktatur auch eine Zurückdrängung der Frauen aus dem politischen und sozialen Leben.

Ab 1937 wurde mit der Ankurbelung der Rüstungsindustrie, dem Aufbau der Wehrmacht und dem Mangel an Arbeitskräften billige Frauenarbeit – vorher noch als unnatürlich, entehrend bezeichnet – plötzlich zum „Dienst am Vaterland" erklärt. Der Einsatz auch verheirateter und älterer Frauen wurde forciert.

„Die Frauenarbeit ist nunmehr ein unentbehrlicher Faktor der deutschen Kriegswirtschaft... Sie sollen kriegstaugliche Kräfte ablösen." [2]

2 Schwarz, Paul: „Die Deutsche Wehr", Rundschau, Basel, Nr.11, März 1939

Aufseherinnen im Konzentrationslager Ravensbrück

Trotzdem konnte die Frauenerwerbsquote nur mühsam bis 1945 auf 54 Prozent gesteigert werden. Die Lage der erwerbstätigen Frauen verschlechterte sich zunehmend durch die wachsende Arbeitsbelastung (13-Stunden-Tag), verschärfte Ausbeutung, Niedriglöhne und miserable Arbeitsbedingungen. Hinzu kam eine wachsende politische Überwachung und Unterdrückung in den Betrieben.

Ein Pflichtjahr für Ledige (17 bis 25 Jahre) in der Haus- und Landwirtschaft wurde eingeführt. Frauen wurden nun selbst in der Wehrmacht und im Kriegsdienst eingesetzt oder als KZ-Aufseherin im Dienste der NS-Vernichtungspolitik.

Über zwei Millionen ausländische Frauen wurden als Kriegsgefangene zwangsrekrutiert. Frauen wurden in Arbeits- und Konzentrationslagern rücksichtslos ausgebeutet, wie Sklaven an die Betriebe verliehen oder als Menschenmaterial, zum Beispiel der Chemieindustrie, für ihre meist tödlichen Experimente zur Verfügung gestellt.

So heißt es in einem Briefwechsel der zur IG Farben gehörenden Firma Bayer mit der Lagerleitung von Auschwitz:

„Bezüglich des Vorhabens von Experimenten mit einem neuen Schlafmittel würden wir es begrüßen, wenn Sie uns eine Anzahl von Frauen zur Verfügung stellen würden..."

„Erhielten den Auftrag für 150 Frauen. Trotz ihres abgezehrten Zustandes wurden sie als zufriedenstellend befunden..."

„Die Versuche wurden gemacht. Alle Personen starben. Wir werden uns bezüglich einer neuen Sendung bald mit Ihnen in Verbindung setzen."[3]

Im Rahmen der **faschistischen Bevölkerungspolitik** wurden vom NS-Staat menschenverachtende Einrichtungen wie der „Lebensborn" in ganz Europa geschaffen, um in diesen Zuchtanstalten genügend

3 Wimmer, Wolfgang: Die Sklaven. Eine Sozialgeschichte der Gegenwart, Reinbek 1979, S.227-228

„arischen Nachwuchs" als Führungskader und zur „Germanisierung Europas" zu sichern. Hunderttausende von „arisch" aussehenden Kindern wurden aus den besetzten Gebieten zur „Eindeutschung" nach Deutschland verschleppt.

Da alle bevölkerungspolitischen Versuche zur Geburtensteigerung (Ehestandsdarlehen, Kindergeld, Mutterkreuz usw.) scheiterten, wollte die NS-Regierung sogar sogenannte „biologische Ehen" oder Doppelehen einführen, weil „ ... *es auch außerhalb der Ehe für deutsche Frauen und Mädel guten Blutes eine hohe Aufgabe sein könne, Mütter der ins Feld ziehenden Soldaten zu werden...*" (Reichsführer SS Heinrich Himmler).

Sogenannte „Zeugungshelfer" sollten von der SS zur Verfügung gestellt werden.

Wurden „arisch gesunde" Frauen massiv unterstützt, kinderlose Ehepaare fast zu Staatsfeinden erklärt, Abtreibungen bei Strafe verboten, so war die andere Seite der rassistischen Bevölkerungspolitik umso grausamer. Mit Zwangsabtreibungen und Zwangssterilisationen versuchte man bei „rassisch minderwertigen" oder als „asozial" abgestempelten Frauen die Zeugung von Kindern zu verhindern.

Menschen in sogenannten Mischehen wurden getrennt und verfolgt, die Vernichtungsmaschinerie gegen Juden, Sinti und Roma und „minderwertiges" Leben wurde in Gang gesetzt.

„Rassenkunde" für künftige Mütter 1943
Fotografin: Lieselotte Orgel-Köhne

NS–Frauenideologie

„Arische" Frauen wurden als Mutter aufgewertet und auf ihre „natürliche Rolle" als Hüterin der Familie und angepasste, anspruchslose, sparsame Hausfrau eingeschränkt. Frauen wurden vor allem unter der biologischen und rassischen Perspektive gesehen. Die „arische" Frau wurde zur Erhalterin der „arischen Rasse" ernannt. Ein wahrer Mutterkult wurde entfacht mit der Verleihung des Mutterkreuzes ab vier Kindern, der Einführung des Muttertages, Mütterschulen usw.

Reichspropagandaminister Goebbels: „*Die Frau hat die Aufgabe schön zu sein und Kinder zur Welt zu bringen. Das ist gar nicht so roh, wie sich das anhört. Die Vogelfrau putzt sich für den Mann und brütet für ihn die Eier aus. Dafür sorgt der Mann für die*

Nahrung. Sonst steht er auf der Wacht und wehrt den Feind ab." [4]

Die Ehe wurde ideologisch und materiell gefördert und war nicht *„mehr nur Sache der Liebe, sondern steht unter politischer Verantwortung, unterliegt den Forderungen der Rassenpflege und Rassenpolitik. Kinder zeugen und gebären ist eine nationale Pflicht..."* [5]

Adolf Hitler beschwor auf dem Nürnberger Reichsparteitag 1934 die NS-Frauenschaft:
„Was der Mann an Opfern bringt im Ringen eines Volkes, bringt die Frau an Opfern im Ringen um die Erhaltung dieses Volkes in den einzelnen Fällen. Was der Mann einsetzt an Heldenmut auf dem Schlachtfeld, setzt die Frau ein in ewig geduldiger Hingabe, in ewig geduldigem Leid und Ertragen. Jedes Kind, das sie zur Welt bringt, ist eine Schlacht, die sie besteht für das Sein oder Nichtsein ihres Volkes" [6].

Die Faschisten wollten Krieg und dazu benötigten sie „Menschenmaterial".

Mutterkreuzträgerin um 1940. Ab 1939 wird das „Ehrenkreuz der Deutschen Mutter" in drei Stufen (Bronze, Silber, Gold) für vier und mehr Kinder verliehen. Fotografin: Lieselotte Orgel-Köhne

Solche Leitbilder der opferbereiten, aber auch „starken", „tapferen" Frau dienten der Verschleierung der wirklichen Unterdrückung der Frauen, um sie zunächst vom Arbeitsmarkt zu entfernen und ihre allseitige Verfügbarkeit je nach wirtschaftlichem Bedarf zu erreichen. Frauen sollten vom gesellschaftlichen und politischen Leben isoliert, dem Mann untergeordnet und für die Naziideologie empfänglich gemacht werden. Dazu diente auch ein immenser Aufwand an Propaganda und Schulungs- und Erziehungsmaßnahmen. So erhoffte man sich die Hilfe der Frauen bei der faschistischen Expansionspolitik, bei Krieg und Unterdrückung und Vernichtung fremder Rassen und Völker.

Die NS-Frauenorganisationen sollten dazu beitragen, diese reaktionären Frauenideologien durchzusetzen und für die reibungslose Durchführung der Maßnahmen zur NS-Frauen- und Familienpolitik zu sor-

4 Goebbels, Josef: Michael. Ein deutsches Schicksal in Tagebuchblättern, München 1934, S. 41
5 Becker, Horst: Die Familie, 1935, S.146 zitiert in: Frauen unterm Hakenkreuz, Berlin: Elefantenpress, 1983, S. 94
6 „Die Rede des Führers auf dem Frauenkongreß in Nürnberg am 8. September 1934", in: NS-Frauenwarte, Ausgabe Oktober 1934, S. 210

BDM-Plakat

Reichsführerin Scholtz-Klink am 29. März 1938 in Bochum

gen. Das deutsche Frauenwerk (Massenorganisation) und die NS-Frauenschaft (Führungsorganisation), geleitet von Gertrud Scholtz-Klink, waren der NSDAP untergeordnet.

Ziel war es, „gläubige Trägerinnen nationalsozialistischer Weltanschauung" zu erziehen und Frauen auf ihre „natürliche" Rolle als Hausfrau und Mutter einzuschwören. *„Wenn früher die liberalen intellektualistischen Frauenbewegungen in ihren Programmen viele, viele Punkte enthielten, die ihren Ausgang vom Geiste nahmen, dann enthält das Programm unserer nationalsozialistischen Frauenbewegung eigentlich nur einen einzigen Punkt, und dieser Punkt heißt das Kind...* " [7] *(Adolf Hitler)*

Jede Form der Emanzipation wurde attackiert, alle von fortschrittlichen Frauenorganisationen und der Arbeiterbewegung erkämpften Ansätze zur Gleichberechtigung wurden rückgängig gemacht. Adolf Hitler: *„Das Wort von der Frauen-Emanzipation ist nur ein vom jüdischen Intellekt erfundenes Wort, und der Inhalt ist von demselben Geist geprägt."* [8]
Alfred Rosenberg, Chefideologe der NSDAP, formuliert noch schärfer: *"Aufgabe der Frau ist es, diesen Schutt wegzuräumen, Emanzipation der Frau von der Frauenemanzipation ist die erste Forderung einer weiblichen Generation..."* [9]

---

7 Ebenda, S. 211
8 Domarus, Max: Hitler Reden und Proklamationen 1932 –1945, Würzburg 1962, S. 450
9 Rosenberg, Alfred: Der Mythos des 20. Jahrhunderts, München: Hoheneichen Verlag, S. 494

„Und sie werden nicht mehr frei ihr ganzes Leben". *(Adolf Hitler)*

Neben der Schule dienten gerade die Jugendorganisationen wie die Jungmädel (10-14 Jahre), der Bund Deutscher Mädel (BDM, 4 bis 17 Jahre) der „nationalsozialistische Erziehung" für Mädchen zum bedingungslosem Gehorsam, der Hingabe für „Führer, Volk und Vaterland". Wissen und eigenständiges Denken waren nicht gefragt: *„Ich will keine intellektuelle Erziehung. Mit Wissen verderbe ich mir die Jugend."* [10] *(Adolf Hitler)*

BDM und HJ (Hitlerjugend) waren die einzigen legalen Jugendorganisationen für „arische" Jugendliche.

Gauleiter Gießler spricht am 8. März 1942 im Bochumer Schützenhof zum BDM

Bochumer Kinder in Jungvolk- und Jungmädeluniform, 1939   Bild: Sieglinde Schmidt

So wurden zum Beispiel in Bochum bis 1936 alle 340 kirchlichen, sozialistischen oder kommunistischen Jugendgruppen und Sportvereine gleichgeschaltet oder verboten.

„Ab 1936 mussten alle in den BDM. Meine Cousine wollte das nicht und wurde schließlich von der Polizei geholt. Danach hat sie lange versucht sich krank zu stellen, bis schließlich ihrer Mutter die Lebensmittelmarken gestrichen wurden." [11] *(Ingeburg Malbacher)*

In den Mädchengruppen des BDM, in den NS-Frauenschaften, in den Schulen wurde mit attraktiven Angeboten geworben: Gruppenleben, Gemeinschaftserlebnisse, Sportangebote, Singen, Wochenendfahrten und Urlaub, Hausfrauenkurse usw.

10 zitiert nach A. Krink: Die NS-Diktatur, Frankfurt/M, Berlin, München 1973
11 Frauenreferat des evangelischen Kirchenkreises Bochum u.a.: Das weiß ich noch wie heute. Bochumer Frauen erzählen, Bochum: biblioviel Verlag, 2006, S.24

Kreisparteitag der NSDAP Juni 1937 in Bochum – Vorbeimarsch am Rathaus, Blick in die Bongardstraße

Diese kamen so manchen Wünschen von Frauen und Mädchen entgegen. Das faschistische Frauenbild knüpfte an das bereits vorhandene konservative bürgerliche Frauenleitbild aus Kaisers und Weimarer-Zeiten an und mit seinen demagogischen Versprechungen und der „Aufwertung" der Hausfrau und Mutter an reale Probleme der Frauen. Viele bürgerliche Organisationen unterschätzten zudem den Faschismus. Große Teile der Frauenorganisationen wurden widerspruchslos eingegliedert, gleichgeschaltet oder aufgelöst.

Somit konnten Teile der Frauen zunächst durchaus gewonnen werden und die NSDAP an Einfluss unter den Frauen gewinnen. 1941 hatte die NS-Frauenschaft über 6 Millionen Mitglieder.

Frauen waren deshalb nicht nur Opfer, sondern auch Mitläuferinnen und Täterinnen in den Konzentrations- und Vernichtungslagern oder in den „Heilanstalten" des Euthanasieprogramms.

Nur die proletarische Frauenbewegung, die sofort verfolgt und verboten wurde, erkannte von Anfang an den reaktionären Charakter der faschistischen Politik. Allerdings verhinderte die mangelnde Einheit der Arbeiter- und Frauenbewegung ein gemeinsames Vorgehen gegen den Faschismus.

II. Frauen im Widerstand und in der Verfolgung

1. Rolle und Anteil der Frauen am antifaschistischen Widerstand

Es gab zwar keine eigenständige antifaschistische Frauenbewegung in Deutschland, aber Frauen waren nicht nur die stillen Helferinnen oder Unterstützerinnen ihrer Männer, sondern viele leisteten von Anfang an Widerstand im weiteren Sinne: alle Arten von Widerstandsaktionen und alle Zuwiderhandlungen gegen einschränkende Maßnahmen, gegen ständig neue Verordnungen und Gesetze und die Ideologie des Faschismus.

Mit der Ausweitung von Terror, Verfolgung, Mord und Krieg erfasste der Widerstand immer breitere Teile der Bevölkerung. Gerade im Alltag des Krieges bewährte sich der Frauenwiderstand.

Frauen entwickelten aus dem Alltag heraus frauenspezifische Formen des Widerstandes und zeigten großen Mut, Mitmenschlichkeit, beispielhafte Solidarität und Verantwortung aus religiösen, politischen, weltanschaulichen, persönlichen und moralisch-ethischen Motiven im Kampf gegen die Nazi-Diktatur.

Die NSDAP hatte die Handlungsbereitschaft der Frauen gegen das neue Regime unterschätzt. Sie bestrafte nun auch bei Frauen jede noch so kleine Zuwider-

Hitler redet vom Frieden
und rüstet zum Krieg!
Soll es wieder Millionen Tote geben?
Soll Deutschland verwüstet werden?
Sichert den Frieden!
Macht Schluß mit der Hitlerei!

FREIHEIT

Antifaschistische Klebezettel

handlung wie die Verweigerung des Hitlergrußes, die Ablehnung des Mutterkreuzes oder Flüsterpropaganda als Akt des Widerstandes gegen Staat und Volk mit großer Härte, nicht selten mit Zuchthaus, Konzentrationslager oder Tod.

Frauen waren insgesamt mit 20 Prozent an aktenkundigen Widerstandshandlungen bis zum Kriegsbeginn beteiligt. Etwa eine Million Deutsche wurden bis Kriegsbeginn aus politischen Gründen festgenommen. Die Anklagen gegen Frauen erhöhten sich im Laufe des Krieges deutlich auf 50 Prozent.

Trotz der wachsenden Sorge um ihre Partner, Familien, Kinder, Freunde, trotz der anstrengenden Arbeit, der perfekten politischen Überwachung, der Angst vor unbarmherzigen Sanktionen, Verhaftungen, Folter und KZ wurden Frauen zunehmend aktiv gegen die faschistische

Terrorherrschaft – mit dem Ziel einer besseren Gesellschaft, für Menschlichkeit, Gleichberechtigung und Frieden.

Es gab sehr unterschiedliche und vielseitige Handlungen, Aktionen und Widerstandsformen:

· Sabotage in den Betrieben, Arbeitsverweigerung, langsames Arbeiten, antifaschistische Aufklärungsarbeit

· Abhören von ausländischen Sendern

· „Unmutsäußerungen", Witze gegen Hitler, die Partei, den Krieg oder die Rassenhetze

· Herstellen und Verteilen von antifaschistischen Schriften, Flugblättern und Handzetteln

· Teilnahme an illegalen Versammlungen und Treffs

· Verstecken von Söhnen und Männern oder Beherbergung von Illegalen und Flüchtlingen

· Humanitäre Hilfe für Verfolgte, Bedrohte, Fremd- und Zwangsarbeiter, Kriegsgefangene

· Kurierdienste und Fluchthelfer

· Versuch der Neubelebung des organisierten Widerstandes über persönliche Kontakte, Bemühen um breite antifaschistische Bündnisse

· Widerstand in der Emigration in Widerstandsgruppen und antifaschistischen Bündnissen, Beteiligung am spanischen Bürgerkrieg oder der französischen Résistance

Klebezettel abgebildet in: Neue Gesellschaft für Bildende Kunst und Kunstamt Kreuzberg (Hg.): Faschismus. Berlin: Elefanten Press Verlag, 6. Auflage, 1980

Besonders beeindruckend und mutig war der **Widerstand in den Konzentrationslagern.** In dieser menschenverachtenden Maschinerie der Unterdrückung und Entrechtung war alles von Bedeutung, was den Alltag der Häftlinge erleichterte und das Überleben in dieser Hölle ermöglichte, wie zum Beispiel die gegenseitige Hilfe, das Sammeln von Informationen, das Organisieren von Medikamenten, Kleidung, Nahrung usw..

„Widerstand hieß Kampf ums nackte Überleben, dem anderen zum Überleben helfen." [1]

Schnell war 1933 das erste Frauenkonzentrationslager in Moringen wegen der Massenverhaftungen überfüllt, auch das Reichsfrauenlager in Lichtenburg wurde zu klein. Von 1939 bis 1945 wurden 133.000 aus politischen, religiösen oder rassischen Gründen verfolgte Frauen in das KZ Ravensbrück gebracht. 90.000 davon wurden ermordet.

Darunter waren auch zwei Bochumer Frauen:

Elisabeth Sievers, geb. Brassell
* 1886 † 01.04.1942

Sie starb im KZ Ravensbrück. Ihre Urne liegt auf dem Ehrengräberfeld des Bochumer Friedhofes Freigrafendamm.

Ehrengräberfeld Friedhof Freigrafendamm

Martha Wink
* 03.05.1921 in Wattenscheid † 29.01.1945

Ihr Vater war schon vor 1933 Mitglied in der KPD. Im Jahr 1943 machte sie einige Äußerungen gegen das „Dritte Reich", als sie sich mit einem Soldaten in einem Café in Bochum befand. Aus dem Lokal heraus wurde sie verhaftet, kam in das Untersuchungsgefängnis und wurde auf Anordnung des Reichspolizeiamtes in das KZ Ravensbrück gebracht. Dort starb sie am 29.1.1945 nach fast 13 Monaten KZ–Aufenthalt.

---

1 Hervé, Florence: „Wir fühlten uns frei". Essen: Klartext-Verlag, 1997, S. 70

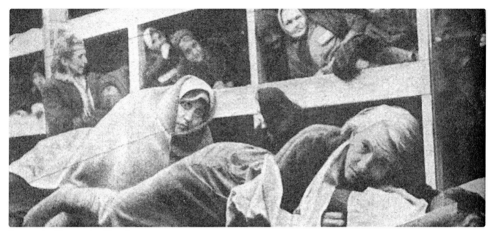

Frauen im Konzentrationslager

40.000 Frauen überlebten dank dem Mut und der Opferbereitschaft ihrer Mithäftlinge, der internationalen Solidarität und der Befreiung durch die sowjetische Armee.

In den faschistischen Vernichtungs- und Konzentrationslagern, den Hinrichtungsstätten, den Gefängnissen und Zuchthäusern wurden Millionen Menschen verschiedener Nationalitäten ermordet.

Lieselotte Hermann, 29 Jahre, KPD, war die erste Frau und Mutter, die 1938 wegen ihres Widerstandes gegen den deutschen Faschismus hingerichtet wurde. Viele sollten ihr folgen.

Eine der bekanntesten mutigen Widerstandskämpferinnen, die Studentin **Sophie Scholl**, war Mitglied in der Widerstandsgruppe „Weiße Rose" (München).

Sie wurde im Alter von 22 Jahren enthauptet. Sie und alle anderen Frauen sind bis heute ein Symbol des antifaschistischen Widerstandes.

Sie sind unser aller Mütter und Schwestern Ihr könntet heute weder frei lernen noch spielen, ja, ihr wäret vielleicht gar nicht geboren, wenn solche Frauen nicht ihre zarten, schmächtigen Körper wie stählerne Schutzschilde durch die ganze Zeit des faschistischen Terrors vor euch und eure Zukunft gestellt hätten. Anna Seghers

(Inschriftenmauer der Mahn- und Gedenkstätte Ravensbrück)

2. Bochumer Frauen im antifaschistischen Widerstand

2.1. Widerstand und Verfolgung von Sozialdemokraten

Gegen Ende der Weimarer Republik verhielt sich die SPD eher abwartend und passiv.

Innere Konflikte und Abspaltungen im sozialdemokratischen Lager verringerten die Möglichkeiten, politisch Einfluss zu nehmen.

Zwar stimmte die SPD als einzige Fraktion trotz Bedrohung der Abgeordneten durch SA-Leute gegen das Ermächtigungsgesetz, aber die internen Konflikte verstärkten sich.

Nach und nach bildeten sich illegale Gruppierungen, deren Aktivität zunächst in der Herstellung und Verteilung von Flugblättern bestand, die aber ab 1934 wegen der häufiger werdenden Verhaftungen ihre Arbeit auf die interne Verbreitung von Informationsmaterial beschränkten.

Es gab zwar keine festen Organisationsstrukturen wie etwa bei der KPD, allerdings ließ *„die zum Teil von Kind auf starke Einbindung in das sozialdemokratische Milieu mit seinen zahlreichen Vereinen, Verbänden oder den Konsumvereinen eine ... Solidargemeinschaft entstehen..."* [1]

Für die Aufrechterhaltung solcher Netzwerke, auch für die Nachrichtenübermittlung an emigrierte Genossen und Genossinnen, sorgten besonders Frauen.

In den folgenden Beispielen soll deutlich werden, auf welch unterschiedliche Art und Weise Bochumerinnen Widerstand geleistet haben.

Hedwig Schönewolf, geb. Bode
*26.10.1905

Hedwig Schönewolf ist von Beruf Kontoristin und hat zwei Kinder.

Sie tritt nach ihrer Schulentlassung 1920 in die Sozialistische Jugend ein.

Seit 1926 ist sie Mitglied der SPD, wo sie Funktionärsaufgaben wie Vorsitzende, Schriftführerin und Kassiererin inne hat.

Von 1929 –33 ist sie als Kontoristin im Parteibüro des Unterbezirks Bochum tätig. Nach dem Verbot der SPD hilft sie bei der noch einige Monate dauernden illegalen Weiterführung des Büros mit.

Ihre Widerstandsarbeit ist ein Beispiel dafür, mit welchen Mitteln die Hoffnung auf eine Änderung der politischen Lage zu Beginn der Nazi-Herrschaft untereinander gestärkt werden sollte.

Sie berichtet:

„Die Verfolgung begann schon vor der Machtübernahme. Haussuchungen, Beschlagnahme von Eigentum, Drohungen und Belästigungen wiederholten sich bis zur Inhaftierung am 2.September 1933...

Nach der Machtübernahme durch die NSDAP wurde ich am 3.9.1933 von der

---

1 Zehnter, Annette: Widerstand und Verfolgung in Bochum und Wattenscheid 1933-1945, Essen: Klartext- Verlag, 1992, S.275

Gestapo Bochum inhaftiert und wegen Verächtlichmachung des Staates und seiner Einrichtungen unter Anklage gestellt. (Heimtückegesetz, d. Verf.)

Meine Verurteilung erfolgte vom Sondergericht Dortmund...

Bestrafte Gehässigkeit
18 Monate Gefängnis für Hetzbrief nach Frankreich

Eine 28jährige Haustochter aus Bochum-Werthe stand vor dem Dortmunder Sondergericht wegen gehässiger Bemerkungen über das neue Deutschland, zu denen sie sich in einem Briefe hatte hinreißen lassen. Die Bode ist von Kindesbeinen an bei der Sozialdemokratie. Nach Abgang von der Schule hatte sie eine Anstellung bei der „Arbeiterhilfe", trat 1926 der SPD. bei und wurde dann im Parteibüro beschäftigt. Auf Ersuchen zweier junger Männer, die nach der Staatsumwälzung nach Frankreich geflohen waren, gab die Bode brieflich ein recht gehässiges Stimmungsbild über die Zustände in Deutschland. Der Brief, der durch eine Freundin über Holland an die jungen Burschen gelangen sollte, fiel der Polizei in die Hände. Die Bode wurde am 7. September in Untersuchungshaft genommen. Vor dem Sondergericht erklärte sie nun, daß sie geschrieben habe, wie es ihr ums Herz sei, worauf ihr gesagt wurde, daß man wohl Verständnis haben könne, wenn die Schreiberei viel früher erfolgt sei, aber nach der nationalen Erhebung hätte sie bis zum September Zeit genug gehabt, sich eines Besseren zu besinnen. Hedwig Bode wurde zu einem Jahr sechs Monaten Gefängnis verurteilt. [1]

Ich wurde zu einer Gefängnisstrafe von 1 Jahr und 6 Monate verurteilt, die ich in den verschiedensten Strafanstalten verbüßte...*[2]

Aus der Anklageschrift geht hervor, dass Hedwig einen Brief an nach Frankreich emigrierte Genossen geschrieben hatte,

in dem sie über die Lage in Deutschland aus ihrer Sicht berichtet.

Diesen Brief übergab sie einer Freundin, die nach Holland reisen und ihn von dort nach Frankreich senden wollte. Die Freundin wurde jedoch an der holländischen Grenze verhaftet.

In einer Dortmunder Nazi-Zeitung wird über die Gerichtsverhandlung berichtet:

„1 Jahr 6 Monate für eine eingefleischte Marxistin!

Wegen Greuelpropaganda hatte sich die 28 Jahre alte Haustochter Hedwig Bode... zu verantworten...

Der Anklagevertreter führte aus... Die Angeklagte sei in ganz raffinierter Weise zu Werke gegangen und habe sehr wohl gewusst, dass die verhetzten Emigranten im Ausland Propaganda gegen Deutschland mit ihren aus derartigen Briefen erworbenen Kenntnissen machen würden.

Der Staat habe es aber nicht nötig, sich von derartigen Menschen im Auslande verhetzen zu lassen."[3] („Tremonia", 21.10.1933. Nr.291)

Die „Hetze" in Hedwigs Brief erweist sich als kritisch-kämpferische Einschätzung der politischen Lage in Deutschland mit dem Wunsch und der Überzeugung, dass diese zu verändern sei:

---

1 Bochumer Anzeiger, Nr. 250, 40. Jahrgang, 23. Oktober 1933
2 Staatsarchiv Münster: Entschädigungsakte Reg.Bez. Arnsberg Nr. 26105
3 ebenda

„...Das Volk ist viel zu helle, um sich durch gut aufgetragene Generalanzeiger noch verwirren zu lassen. Das wissen die Herren, deswegen die Gewaltmaßnahmen und die Angst vor dem Ausland und ihren eigenen Anhängern.

... und wenn ich schreibe, dass mindestens die Hälfte der Wähler geheilt ist, dann habe ich nicht zu hoch gegriffen. Ob man den Prolet, Mittelständler oder Kleinbauern hört, immer dasselbe Lied der Enttäuschung.

Das Großkapital und der Großgrundbesitz, sie haben die Revolution in vollem Maße gewonnen, das haben allmählich alle begriffen, auch die SA...

Wir treffen uns als alte Freunde, glauben an unsere Sache in fanatischer Treue. Und wirft man auch zehnmal uns nieder..." [1]

Hedwig Schönewolf wird 1945 wieder Mitglied der SPD.

Bis 1968 kämpft sie vergeblich um eine Erhöhung der ihr zugesprochenen geringen Rente.

Luise Schönewolf , geb. Elter
* 05.02.1908

Luise Schönewolf, geb. Elter, in Bochum geboren, ist Hausfrau und hat einen Sohn.

Sie entstammt nach eigenen Aussagen einer bekannten Funktionärsfamilie aus Bochum-Gerthe, viele Familienmitglieder sind SPD- und Gewerkschaftsaktivisten.

Luise tritt mit 16 Jahren der Sozialistischen Arbeiterjugend bei und übernimmt dort Funktionärsposten. Außerdem betätigt sie sich in der Arbeiterwohlfahrt.

Sie klebt Plakate für die SPD und die Eiserne Front, entfernt NSDAP-Plakate und verteilt Flugblätter.

Ihr Verlobter muss 1933 nach Holland fliehen, und sie folgt ihm bald darauf.

Luise schildert im Bericht über ihre Verfolgung:

„Vor meiner Eheschließung bin ich nochmals in Deutschland gewesen.

Auf der Rückreise nach Holland bin ich in Emmerich verhaftet worden." [2]

Bei ihr wird der Brief beschlagnahmt, den Hedwig Bode/Schönewald geschrieben hat, und den sie für diese zur Weitersendung nach Frankreich mit nach Holland nehmen sollte.

In der Anklageschrift vom 12.Okt.1933 heißt es:

„... wird angeklagt, vorsätzlich unwahre oder gröblich entstellte Behauptungen tatsächlicher Art aufgestellt zu haben, die geeignet sind, das Wohl des Reiches und das Ansehen der Reichsregierung... schwer zu schädigen." [3]

Sie bekommt drei Wochen Haft, die sie in Bochum verbringen muss.

1 Staatsarchiv Münster: Entschädigungsakte Reg.Bez. Arnsberg Nr. 26105
2 Staatsarchiv Münster: Entschädigungsakte Reg.Bez. Arnsberg Nr. 460511
3 ebenda

Nach ihrer Entlassung hat sie die Auflage, sich bei der Polizei zu melden.

14 Tage später kann sie jedoch erneut nach Holland fliehen, wo sie schließlich ihren Verlobten heiratet.

Luise Schönewolf bekommt keine Entschädigung für ‚Schaden an Freiheit' zugesprochen, weil ihre Haftstrafe keinen vollen Monat betragen hatte.

Elisabeth König, geb. Kampert
* 15.10.1888 † 1976

Auf Elisabeth König und ihr Schicksal möchten wir nicht zuletzt deshalb aufmerksam machen, weil sie leicht neben ihrem Mann Heinrich König in Vergessenheit gerät.

Sie ist gelernte Verkäuferin, hat drei Kinder und ist Mitglied der SPD.

Ihr Mann Heinrich König ist der damalige SPD-Parteivorsitzende des Stadtverbandes Bochum. Er und die zwei Söhne werden im Februar 1933 von der SA verhaftet.

Elisabeth K. (2. v.l.) mit Familie

Im März können die drei mit Unterstützung von Elisabeth König aus dem Gerichtsgebäude flüchten und sich ins Saarland absetzen. Elisabeth und die Tochter folgen etwas später nach.

Nach der Rückgliederung des Saarlandes an das Deutsche Reich flieht die Familie 1935 nach Frankreich.

Heinrich König wird dort 1943 verhaftet und stirbt an den Folgen von Misshandlungen auf dem Rücktransport im Bochumer Gerichtsgefängnis. [1]

In ihrem Antrag auf Entschädigung schildert Elisabeth König ihre Verfolgung durch die Nationalsozialisten:

„Mein Mann war Vorsitzender der SPD. In der Nacht vom 10.2.1933 drangen SA-Leute in unsere Wohnung ein, wobei es zu Plünderungen, zu heftigen Schießereien und zu Tumultschäden der Wohnungseinrichtung kam. Wegen dauernder Gefahr an Leib und Leben sind wir nach Frankreich geflüchtet. Durch die Aufregungen habe ich mir einen Gesundheitsschaden zugezogen..." [2]

Was Elisabeth König hier fast lapidar formuliert, bedeutet das abrupte Ende ihres bisherigen Lebens.

Sie ist gezwungen, Bochum von heute auf morgen zu verlassen, später nach Frankreich zu flüchten und dort illegal zu leben.

Das bedeutet, ihr Leben ist von nun an von vielen Entbehrungen und dauernder Angst vor Entdeckung durch die Gestapo gekennzeichnet.

1 Sozialdemokratische Partei Deutschlands (Hrsg.): Der Freiheit verpflichtet: Gedenkbuch der deutschen Sozialdemokratie im 20. Jh., Marburg 2000, S. 183
2 Staatsarchiv Münster: Entschädigungsakte Reg.Bez. Arnsberg Nr. 23027

Dennoch beteiligt sich Elisabeth König auch in Frankreich am Widerstand gegen den Nationalsozialismus, indem sie etwa Widerstandskämpfern Lebensmittel besorgt.

Als Anlage zu ihrem Entschädigungsantrag finden wir eine ‚Bescheinigung der Einwohner von Saint-Hilaire', in der die Härte des illegalen Lebens, das Elisabeth dort zeitweise zusammen mit ihrer Schwiegertochter Elly und den Enkelkindern führt, sehr eindrücklich beschrieben ist:

„Wir, Einwohner…, erklären an Eides statt, dass die beiden Frauen… Elisabeth König und … Elly König… eine einstweilige, unsichere Zukunft in einer, für die menschliche Würde empörenden Zustand befindlichen Ruine fanden. Wir wissen, dass die Gestapo später fortgesetzt Nachforschungen anstellte, um die beiden Frauen wiederzufinden. Diese sind mehrere Male geflohen, fanden aber zurückgekehrt nirgends Zuflucht…" [1]

Erst am 20.8.1944 endet das illegale Leben mit der Besetzung durch alliierte Truppen.

Elly König, geb. Slabotny
* 25.01.1910 † 1995

Durch ihre Verlobung mit Heinrich König jun. ist Elly Slabotny, spätere König, nicht nur aufgrund ihrer eigenen politischen Aktivitäten, sondern zusätzlich auch als Mitglied der Familie König schärfster Verfolgung durch die nationalsozialistischen Machthaber ausgesetzt.

Elly K. und ihr Mann Heinrich

Elly König erlernt den Beruf der Köchin. Sie ist Mitglied der sozialistischen Arbeiterjugend und der Arbeiter-Sportbewegung.

Über ihre Verfolgung berichtet sie:

„Sofort nach dem nächtlichen Überfall der SA bei der Familie König suchte mich die SA bei meinen Eltern. Ich hielt mich damals schon versteckt. Einige Tage später nach der Entlassung meines Bräutigams aus dem Gefängnis durch Amtsgerichtsrat G., welcher hierfür von der SA schwer misshandelt wurde, flüchteten wir zu meinen Verwandten nach Wetzlar…

Am 11. August 1934 heirateten wir und wohnten in Morsbach (Saar).

Im Jahre 1937 wurde ich ausgebürgert.

Vor dieser Zeit wurde ich immer noch von der Gestapo bei meinen Eltern gesucht." [2]

Sie berichtet weiter, dass sie und ihr Mann gezwungen waren, sich zumindest einen

1 Staatsarchiv Münster: Entschädigungsakte Reg.Bez. Arnsberg Nr. 23027
2 Staatsarchiv Münster: Entschädigungsakte Reg.Bez. Arnsberg Nr. 617113
3 ebenda

kärglichen Lebensunterhalt durch Gelegenheitsarbeiten zu verdienen, damit aber immer Gefahr liefen, entdeckt und bestraft zu werden.

„Als mein Sohn geboren war, gab es Tage, an welchen wir nicht die Milch für's Kind bezahlen konnten." [3]

Elly erkrankt mehrfach schwer, kommt in ein Erholungsheim, muss aber sofort nach ihrer Entlassung wieder harte Arbeit verrichten und erkrankt erneut.

Nach der Deportierung ihres Schwiegervaters Heinrich König sen. 1943 zieht Elly zu ihrer Schwiegermutter nach Frankreich.

Die Gestapo ist ihr jedoch weiter auf den Fersen, und sie wechselt mehrfach ihren Wohnort.

Während dieser Zeit arbeitet auch sie weiter im Widerstand,

„indem ich Lebensmittel für die Widerstandsbewegung bei den Bauern frei machte." [1]

Genau wie bei ihrer Schwiegermutter Elisabeth findet sich auch bei Ellys Entschädigungsantrag als Anlage eine Bescheinigung der Einwohner von Saint-Hilaire, in der die Härte des Lebens im Exil und Ellys schlechte gesundheitliche Verfassung bezeugt wird.

Nach dem Krieg verlässt Elly König Deutschland und geht nach Frankreich.

Lore Agnes links mit Clara Zetkin (Mitte) [2]

Lore Agnes, geb. Benning
* 04.06.1876 † 09.06.1953

Lore Agnes stammt aus einer Bochumer Bergarbeiterfamilie. Nachdem ihr Vater früh gestorben ist, arbeitet sie als Dienstmädchen. Ihre in dieser Zeit gemachten schlimmen Erfahrungen lassen sie politisch aktiv werden.

Ihr Leben ist von nun an ein Beispiel für konsequent gelebten Widerstand gegen ungerechte gesellschaftliche Bedingungen. Sie schließt sich der sozialistischen Frauenbewegung an und ist 1906 maßgeblich an der Gründung des „Verbandes der Hausangestellten" beteiligt.

1 ebenda
2 Die Bildkopie stellte uns das Frauenarchiv ausZeiten in Bochum zur Verfügung

Im selben Jahr heiratet sie. Sie wird Mutter zweier Kinder.

Wegen ihrer agitatorischen Tätigkeit muss sie mehrfach ins Gefängnis. Während des Ersten Weltkrieges wird sie als Kriegsgegnerin inhaftiert.

1917 wird sie Mitglied der USPD, für die SPD wird sie bis 1933 Mitglied des Deutschen Reichstages.

Nach der Machtergreifung der Faschisten taucht sie unter, macht illegale Parteiarbeit und wird bald verhaftet, allerdings aufgrund einer schweren Erkrankung frei gelassen, ein Jahr danach aber erneut in Haft genommen.

1938 verliert sie aus politischen Gründen ihre Arbeit.

Im Zusammenhang mit dem Attentat auf Hitler am 20. Juli 1944 kommt sie wieder in Haft. Nur eine erneute Erkrankung bewahrt sie vor der Überstellung in das Konzentrationslager Ravensbrück. Während dieser Zeit verliert sie ihren Sohn, der an der Ostfront fällt.

Nach dem Krieg bleibt sie weiter politisch aktiv und beteiligt sich in Düsseldorf am Wiederaufbau der Arbeiterwohlfahrt und der SPD.

Sie stirbt mit 77 Jahren während einer SPD-Frauenkonferenz in Köln.[1]

Anna K. [2]
* 1904

Anna K., Mutter einer Tochter, von Beruf kaufmännische Angestellte, ist Mitglied der SPD.

Ihre Widerstandtätigkeit ist weder hoch organisiert noch besonders spektakulär, jedoch kann sie als Beispiel für die vielen Frauen stehen, die aufgrund ihrer Parteizugehörigkeit und ihrer unbeugsamen Widerstandshaltung gegen das faschistische Regime große Einschränkungen hinnehmen mussten.

Sie wird wegen des Verdachts der Staats- und Wirtschaftsfeindlichkeit 1933 fristlos aus dem Dienst bei der Kommunalbank Bochum entlassen, emigriert zu ihren im Saargebiet lebenden Eltern und nimmt dort eine Stelle als Buchhalterin bei der „Neuen Saarpost", einer Hitler-feindlichen katholischen Zeitung, an, die sie ebenfalls verliert, als das Saargebiet 1935 deutsches Reichsgebiet wird.

In der Emigration in Frankreich setzt sie 1936/37 ihre illegale Widerstandsarbeit fort.

1 Haunfelder, Bernd: NRW. Land und Leute. Ein biographisches Handbuch, Düsseldorf 2006, S. 36f

Schroeder, Wilhelm Heinz: Sozialdemokratische Parlamentarier in den deutschen Reichs- und Landtagen 1867-1933. Biographien, Chronik und Wahldokumentation. Ein Handbuch, Düsseldorf 1995, S. 343f

Sozialdemokratische Partei Deutschlands (Hrsg.): Der Freiheit verpflichtet. Gedenkbuch der deutschen Sozialdemokratie im 20. Jahrhundert, Marburg 2000, S. 17f

2 Aus Datenschutzgründen wird der volle Name nicht veröffentlicht.

Nach der Besetzung wird Anna K. nach Deutschland „zurück geführt" [1] und lebt ab 1940 wieder in Bochum.

Als ihr Bruder verhaftet wird und ins KZ Dachau, später ins Lager Ravensbrück kommt, folgen für sie daraus wöchentlich mehrere Vernehmungen durch die Bochumer Gestapo.

Ihren Lebensunterhalt verdient sie bei der Sparkasse Bochum in einer minderbezahlten Position. Ein berufliches Fortkommen ist ihr verwehrt.

Dennoch bleibt sie weiterhin als Betriebsrätin politisch aktiv.

1948 sie wird verhaftet und wegen „fortgesetzter Beihilfe zum Preisvergehen" zu 14 Monaten Gefängnis verurteilt.

Kaum zu glauben ist die Tatsache, dass ihr infolge der Verurteilung der Status als politisch Verfolgte aberkannt wird.

1959 bekommt sie eine Entschädigung wegen „Schaden im beruflichen Fortkommen" zugesprochen.

Wilhelmine Kirstein
* 27.04.1883

Wilhelmine Kirstein ist Hausfrau und Mutter von zwölf Kindern.

Sie gehört der SPD seit 1922 bis zu deren Auflösung an und ist außerdem Mitglied der Arbeiterwohlfahrt Bochum.

Ihren Widerstand gegen das Nazi-Regime beschreibt sie folgendermaßen:

„Ich zeigte meine ablehnende Haltung gegenüber den Nazis dadurch, dass ich grundsätzlich nicht mit „Heil Hitler" grüßte. Ich habe es auch unterlassen, vorüberziehende nationalsozialistische Fahnen auf den Straßen z.B. bei Umzügen, durch Handzeichen zu grüßen." [2]

Wilhelmine Kirstein wird eines Nachts von SA-Männern mit Waffen bedroht, ihre Wohnung wird durchsucht.

Am 12.11.1934 wird sie wegen Verächtlichmachung der Hakenkreuzfahne zu zwei Monaten Gefängnis verurteilt.

Ihr Antrag auf Entschädigung wird wegen Unerheblichkeit abgelehnt.

---

1 Staatsarchiv Münster: Entschädigungsakte Reg.Bez. Arnsberg Nr. 50047
2 Staatsarchiv Münster: Entschädigungsakte Reg.Bez. Arnsberg Nr. 160153

Sophie Schlewinski, geb. Weber
* 18.11.1909

Ein Beispiel dafür, dass es als Verhaftungsgrund schon ausreichen konnte, die politische Einstellung des Ehemannes zu teilen, ohne selbst aktives Mitglied der SPD zu sein, ist Sophie Schlewinski, Mutter dreier Kinder.

Sie wird vom Sondergericht Berlin wegen staatsfeindlicher Einstellung zu acht Monaten Gefängnis verurteilt.

„Ich wurde ... wegen Heimtückevergehens zu 8 Monaten Gefängnis verurteilt und habe diese Strafe verbüßt im Gerichtsgefängnis Eger[1] und nach der Haftentlassung bin ich widerrechtlich 2 Monate in Karlsbad festgehalten worden."[2]

Lina Bressem
* 20.10.1886

Mitgliedschaft und Funktionärstätigkeit in der SPD sind der Grund dafür, dass Lina Bressem, Mutter eines Kindes, 1933 als Hausmeisterin der Schule Alte Bahnhofstraße wegen politischer Unzuverlässigkeit entlassen wird.

„Eine Wiedereinstellung ist ausgeschlossen"[3], heißt es in einer Aktennotiz des Schulamtes. Zu vermuten ist, dass auch die KPD-Mitgliedschaft ihres Ehemannes eine nicht unerhebliche Rolle bei dieser Entscheidung spielte.

Martha Kopka
* 14.09.1904

Martha Kopka, ledig, kaufmännische Angestellte, arbeitet als Sekretärin von Fritz Husemann beim Verband der Bergbauindustriearbeiter Deutschlands in Bochum seit 1919.

Sie mag zwar keinen aktiven Widerstand geleistet haben, soll aber hier aufgenommen werden als Beispiel dafür, dass allein Loyalität zum ‚falschen' Arbeitgeber repressiv verfolgt wurde.

Bei der Übernahme der freien Gewerkschaften durch die sog. Deutsche Arbeitsfront im Juni 1933 wird sie entlassen wegen Verdachts auf ‚staatsfeindliche Einstellung'.

„Sie war über sämtliche politischen Verbindungen, die Herr Husemann aufrecht erhielt, genauestens unterrichtet...

Frl. Kopka hielt die Verbindung zu Herrn Husemann bis zu ihrer eigenen Entlassung im Juni 1933 aufrecht, was dazu führte, dass als Grund ihrer Entlassung ‚Verdacht der staats- und wirtschaftsfeindlichen Einstellung' genannt wurde."[4]

Als Mitglied der SPD und ehemalige Inhaberin einer Vertrauensstelle wird sie bis 1934 in keine neue Arbeitsstelle vermittelt, danach bekommt sie nur eine minderentlohnte Arbeit.

1 Eger im Sudetenland, wohin Sophie Sch. evakuiert worden war
2 Staatsarchiv Münster: Entschädigungsakte Reg.Bez. Arnsberg Nr. 160046
3 Staatsarchiv Münster: Entschädigungsakte Reg.Bez. Arnsberg Nr. 160219
4 Staatsarchiv Münster: Entschädigungsakte Reg.Bez. Arnsberg Nr. 160054

Sie bekommt wegen ,Schaden im beruflichen Fortkommen' eine Kapitalentschädigung zugesprochen.

Zahlreiche weitere Angestellte des Verbandes der Bergbauindustriearbeiter, oft selbst gewerkschaftlich organisiert und SPD-Mitglieder, verlieren wie Martha Kopka mit der Übernahme der Gewerkschaften in die DAF ihre Arbeit. Dazu gehören:

Sophie Dörendahl
* 25.07.1901, Bergarbeiter-Verband [1]

Marie Peters
* 30.08.1908, Bergarbeiter-Verband [2]

Laura Kriener
* 10.5.1891, Bergarbeiter-Verband [3]

Alma Kallenbach
* 21.01.1907, arbeitsrechtliche und gewerkschaftliche Betreuung kleinerer Gewerkschaften [4]

Anna Kohl
* 11.10.1911, Bergarbeiter-Verband [5]

Franziska Havemann
* 23.03.1906, Bergarbeiter-Verband [6]

Helene Neumann
* 08.09.1898, Bergarbeiter-Verband [7]

Emma Lydia Raphael, geb. Dietz
* 1899

Der in Bochum geborenen Emma Lydia Raphael wird als Sekretärin beim Bergbauindustriearbeiterverband 1933 wegen „staatsfeindlicher Einstellung" ebenfalls fristlos gekündigt.

Ihr wird zusätzlich vorgeworfen, sich für ihre entlassenen Kollegen und Kolleginnen eingesetzt zu haben.

1935 wandert sie nach Frankreich aus.

Durch ihre Heirat mit einem jüdischen Mann wendet sich Emma Raphaels Schicksal dramatisch, als die deutschen Truppen in Frankreich einmarschieren.

1940 ist sie 2 Monate lang interniert, bis zu ihrer Flucht in die Schweiz 1944 verbringt sie ihr Leben immer wieder in Internierungslagern, zeitweise ist sie auch in einem Konzentrationslager.

1945 geht sie nach Amerika zu ihrem dorthin ausgereisten Ehemann und kehrt 1957 nach Bochum zurück.

Sie erhält eine Entschädigung für beruflichen und wirtschaftlichen Schaden, für Schaden an Körper und Gesundheit und für Freiheitsbeschränkung. [8]

1–7 Staatsarchiv Münster: Entschädigungsakten Reg.Bez. Arnsberg Nr. 55856, 160005, 460075, 460014 , 160106, 160105, 57281
8   Staatsarchiv Münster: Entschädigungsakte Reg.Bez. Arnsberg. 460359

2.2. Widerstand und Verfolgung von Mitgliedern des Internationalen Sozialistischen Kampfbundes (ISK)

Der ISK wurde 1926 gegründet.

Die intensive Schulung seiner Mitglieder und straffe Organisationsstrukturen waren gute Voraussetzungen für eine effektive Widerstandsarbeit.

Am Ende der Weimarer Republik konzentrierte sich der ISK auf die Bekämpfung des Nationalsozialismus und versuchte, SPD, Gewerkschaften und KPD zur Bildung einer Einheitsfront zu bewegen.

Gleichzeitig begannen sich viele Mitglieder schon systematisch auf die Arbeit in der Illegalität vorzubereiten.

Nach einer großen Verhaftungswelle 1937 bildeten sich Exilgruppen in London und Paris.

Von Anfang an war die Gleichberechtigung der Geschlechter im ISK eine Selbstverständlichkeit.

Entsprechend finden wir hier viele Frauen in der aktiven Widerstandsarbeit.

Besonders für Kurierdienste wurden sie deshalb bevorzugt eingesetzt, weil sie meist ohne Schwierigkeiten Pässe und Visa für Auslandsreisen bekamen.

Eine dieser Frauen ist die Bochumerin Änne Kappius.

Änne Kappius, geb. Ebbers
* 16.06.1906 † 28.08.1956

Änne Kappius kommt aus einer sozialdemokratisch orientierten Familie.

Ihr Vater ist Bergarbeiter. Sie erlernt den Beruf der Kinderpflegerin.

Seit ihrem 13. Lebensjahr ist Änne Kappius Mitglied der Sozialistischen Arbeiterjugend (SAJ) , wo sie ihren späteren Mann Josef Kappius kennen lernt.

Die beiden kommen bald in Kontakt zum ISK und treten diesem bei.

Die Arbeit im ISK bestimmt von nun an Änne Kappius' politisches Handeln und damit verbunden ihren weiteren persönlichen Lebensweg.

In Bochum zu bleiben, wird für sie bald zu unsicher.

Weil sie und ihr Mann hier zu bekannt sind, um relativ ungefährdet an antifaschistischen Aktionen teilnehmen zu können, gehen sie 1935 nach Berlin.

In Änne Kappius' Bericht über ihre Verfolgung erfahren wir von ihr, auf welch hohem Organisationsgrad ihre Widerstandstätigkeit abgelaufen ist:

„Nach der Machtübernahme habe ich... an der organisierten Widerstandsarbeit gegen die nationalsozialistische Willkürherrschaft teilgenommen. Ziel dieser Arbeit war die Wiederherstellung demokratischer Freiheiten in Staat und Gesellschaft...

Änne Kappius

Wir haben Fünfertruppen aufgebaut und untereinander in Verbindung gehalten, regelmäßige Zusammenkünfte abgehalten, die der Unterrichtung über die politische und organisatorische Lage, der Verabredung von Aktionen nach außen, der politischen Schulung und Festigung der Organisation dienten.

Die Tätigkeit nach außen bestand in der organisierten Führung von Gesprächen über die politischen Notwendigkeiten, der Gewinnung neuer Mitarbeiter, der Durchführung von Flugblatt- und Beschriftungsaktionen zu bestimmten Gelegenheiten (Wahlen, 1.Mai, Führergeburtstag u.a.).

Wir haben gedrucktes Material hergestellt bzw. abgeholt, aufbewahrt, versandt und verarbeitet, wir haben Kurse und Treffen von Freunden aus ganz Deutschland organisiert und durchgeführt.

Ein großer Teil dieser Tätigkeit spielte sich in unserer Wohnung ab, zunächst in Bochum, später in Berlin.

Wir haben...auf der Flucht vor der Gestapo befindliche Freunde aufgenommen und beherbergt, bis der weitere Fluchtweg organisiert war und sie weitergebracht werden konnten...

Wir haben immer wieder schwere Wochen besonderer Sorge durchlebt, wenn irgendwo einer der Freunde verhaftet worden war und jeder damit rechnen musste, dass die Gestapo ihn zur Preisgabe seiner Freunde zwingen würde." [1]

Um sich dem Zugriff der Gestapo zu entziehen, flüchtet Änne Kappius im November 1939 aus Berlin in die Schweiz.

Zur Sicherung ihres Lebensunterhaltes schlägt sie sich als Dienstmädchen durch, muss aber wegen ihres immer schlechter werdenden Gesundheitszustandes bald aufhören zu arbeiten.

Sie unternimmt zahlreiche Kurierreisen nach Deutschland.

So kommt sie auch im April 1944 mit einem gefälschten Pass unerkannt über die Schweizer Grenze und besucht von Bochum aus Genossen und Genossinnen in anderen Städten.

---

1 Staatsarchiv Münster: Entschädigungsakte Reg.Bez. Arnsberg Nr. 50855

In Hamburg gibt es z.B. ein als ‚Kaffee-klatsch' getarntes Treffen, von dem ein Zeuge sagt:

„Im April 1944 erreichte unsere Wider-standsarbeit eine höhere Qualität, als Änne illegal aus der Schweiz kam... Es war auf-regend, plötzlich vor einer Genossin zu ste-hen, die ihr Leben riskierte, um uns poli-tisch zu informieren." [1]

Auf jeder ihrer Kurierreisen ist Änne K. in ständiger Gefahr, entdeckt, verhaftet, getötet zu werden.

Für den Fall ihrer Verhaftung beim Grenz-übertritt hat sie sich unter die Haut ihrer Achselhöhle eine Giftampulle setzen las-sen, um notfalls Selbstmord begehen zu können.

Nach dem Krieg geht sie nach Deutsch-land zurück und lebt zunächst wieder in Bochum.

Sie setzt ihre politische und antifaschisti-sche Arbeit fort, zunächst für das Schwei-zerische Hilfswerk, und organisiert die Verteilung von Lebensmittelpaketen an deutsche Antifaschisten.

Ab 1949 übernimmt sie Tätigkeiten in der SPD, doch durch die Verschlimmerung ihrer Herzerkrankung ist sie zunehmend eingeschränkt.

So erlebt sie auch die Auszahlung der ihr bewilligten Entschädigung um wenige Tage nicht mehr.

Sie stirbt 1956, erst 50 Jahre alt.

2.3 Kommunistischer Widerstand

Die KPD hatte schon vor der Macht-ergreifung Hitlers die NSDAP entschieden bekämpft. Sie wollte das kapitalistische Profitsystem stürzen. Den Faschisten wur-den von den größten Kapitalisten wie Krupp und Thyssen durch Millionen-spenden zur Macht verholfen. Also zwei Gründe, die dazu führten, dass die Nazis besonders hart gegen die Kommunisten vorgingen. Anfang 1933 waren bereits 50 Prozent der Spitzenfunktionäre der KPD in Bochum verhaftet, bis April waren es im Gebiet Rhein-Ruhr schon 8000 Ver-haftungen.

Nach dem Verbot und den Verhaftungen musste die KPD im Untergrund arbeiten. Ihre organisierte Widerstandsarbeit be-stand hauptsächlich im Verfassen und Verteilen von illegalen Flugblättern und in der illegalen Organisierung von Gruppen. In dieser Zeit brutalster Unterdrückung aller Gegner des Hitlerfaschismus ent-wickelten sich Initiativen der Zusammen-arbeit zwischen KPD und SPD, um die bis-herige gegenseitige Verfeindung zwi-schen ihnen zu überwinden.

Gerade in der kommunistischen Wider-standsarbeit spielten die Frauen mit ihren zahlreichen Verbindungen untereinander eine wichtige Rolle. Als Botin zum Beispiel, eine oft für Frauen auserkorene Aufgabe, konnten sie ihre Widerstandtätigkeit in

---

1 Helmut Kalbitzer, zit. in: Miller, Susanne: Änne und Josef Kappius – Handeln nach sozialistischer Ethik, in: Faulenbach, Bernd/ Högl, Günther (Hrsg.): Eine Partei in ihrer Region – Zur Geschichte der SPD im westlichen Westfalen, Essen 1988, S. 178

ihren Frauenalltag integrieren, denn aufgrund ihrer sozialen Kontakte waren sie häufig unterwegs.

„Emmi als Hausfrau, völlig unverdächtig, als völlig uninteressiert angesehen, sorgte für die Verbindungen, übernahm die notwendigen Botengänge, vermittelte die Post, beschaffte Quartier für illegale Genossen", heißt es in einem Bericht über das Stabsquartier der KPD-Bezirksleitung in Stuttgart 1933-35.[1]

„Häufig gelang es ihnen, frauenspezifische Treffpunkte, Verkehrs- und Verhaltensformen zu nutzen, die das männerfixierte Kommunistenbild der Gegenseite geschickt unterliefen. Ein ‚Hausfrauenkränzchen' in einem Berliner Ausflugslokal etwa war ebenso wenig auffällig wie ein Gespräch mehrerer Frauen auf dem Friedhof... Auch der Transport von Zeitungen im Kinderwagen war keine maskuline Angelegenheit, und die nächtliche Verteilung von Flugblättern, getarnt als ‚Liebespaar', bedurfte erst recht weiblicher Mithilfe."[2]

Eine der hervorragenden Bochumer Kommunistinnen im Kampf gegen den Faschismus war

Christine Schröder, geb. Giboni
* 06.09.1900 † 02.02.1980

Christine kam in Bochum zur Welt. Sie wollte eigentlich Friseurin werden, und musste aber stattdessen in einer Zementfabrik hart körperlich arbeiten wie z.B. Zementsäcke schleppen.

Sie heiratete am 19. April 1919 den Bergmann Franz Schröder. Mit ihrem Sohn Josef wohnten sie im Blaubucksenviertel Bochums, Stahlhausen/Griesenbruch, direkt in der Nähe des Bochumer Vereins. Unmittelbar bei ihrer Wohnung an der Maxstraße, auf dem Moltkeplatz (heute Springerplatz) fanden viele Demonstrationen und Kundgebungen statt, wo man sie auch immer antraf.

Franz Schröder hat 1920 die Bochumer KPD mit begründet. Christine trat 1928 der KPD bei. Im Sommer 1933 wurde Christine Schröder zum ersten Mal für 27 Tage von den Nazis inhaftiert. Nicht einmal ein Jahr später, im April 1934, kam die nächste Verhaftung. Das hinderte sie jedoch nicht an der antifaschistischen Widerstandsarbeit.

1 Wickert, Christl: Frauen gegen die Diktatur – Widerstand und Verfolgung im nationalsozialistischen Deutschland, Berlin: Druckhaus Hentrich, Berlin, 1995, S. 87, dort Fußnote 62
2 ebenda, S. 88, dort Fußnote 66 und 67

Im Zuge der Aufdeckung einer großen Widerstandsgruppe aus Bochum und Wattenscheid durch die Gestapo wurde sie wieder verhaftet. „Vorbereitung zum Hochverrat" nannte das Gericht ihren antifaschistischen Widerstand. Erst nach 18 Monaten wurde sie wieder aus dem Zuchthaus Ziegenhain entlassen, wo ihr neben anderen Misshandlungen durch brutale Tritte in den Unterleib ein Eierstock zerquetscht worden war. Gefängnis und Folter konnten sie jedoch nicht aufhalten.

Nach ihrer Freilassung nahm sie gleich den Kampf gegen den Faschismus wieder auf, beteiligte sich an Diskussionen, hielt Kontakt, vor allem zu Widerstandskämpfern aus dem Bochumer Verein und machte Kurierdienste. Hier eine Auflistung ihrer Verhaftungen: [3]

Christine Schröder

28.07.33 – 25.08.33
Schutzhaft, Polizeigefängnis Bochum

15.04.34 – 02.05.34
durch SS in Haft genommen,
Polizeigefängnis Bochum

07.10.34 – 08.03.37
U-Haft Schutzhaft Bochum,
(Urteil 10.04.37)

08.03.37 – 08.05.37
Hamm

08.05.37 – 07.04.38
Frauenzuchthaus Ziegenhain 18 Monate

Auch nach dem Krieg war Christine Schröder aktiv in der KPD/DKP und in der VVN. Sie war zeitweilig Vorsitzende des Ortsverbandes Bochum, im Landesvorstand der VVN sowie im Stadtrat als KPD-Vertreterin, bis zum KPD Verbot 1956.

Sie wird als herzliche, lebenslustige und kämpferische Frau geschildert. [4]

Ihr war es wichtig, dass Lehren aus Faschismus und Krieg gezogen werden. Sie kämpfte auch unermüdlich um die Wiedergutmachung für die vom Faschismus Verfolgten. Das kann man aus den Akten erkennen, die wir gefunden haben:

3 Staatsarchiv Münster: Sondergericht beim Oberlandesgericht Hamm, Akte Nr. 1789/8718, Entschädigungsakte Reg.Bez. Arnsberg, Nr. 23192
4 Gleising, Günter: 60 Jahre Tätigkeit der VVN in Bochum und Wattenscheid, Teil 1: 1946-1972, Heft 9 der Schriftenreihe zur antifaschistischen Geschichte Bochums, Bochum: RuhrEcho Verlag Gleising und Post GbR, 2006, S. 70, 71

„Ich bin vom Amtsarzt der Stadt Bochum in kausalem Zusammenhang mit meiner Haft und Verfolgung mit 40% erwerbsbeschränkt befunden worden. ... Durch die mir zugefügten Misshandlungen und Gewaltmaßnahmen ist einwandfrei festgestellt worden, dass dadurch schon mit 36 Jahren meine Periode gewaltsam unterbunden worden ist und ich somit nicht mehr zeugungsfähig war. ... Ich fühle täglich noch Schmerzen im Unterleib und bin mit rasenden Kopfschmerzen befallen. Deshalb kann ich das Gutachten des Herrn Dr. W./Bo nicht anerkennen, weil die Untersuchung nicht einmal eine Minute gedauert hat. In meiner Rentensache kommt es nicht so sehr auf das medizinische, sondern auf das seelische Gutachten an. Das können nur Menschen abgeben, die sich in meine Lage hineindenken können.

Es wird heute als unglaubwürdig angenommen, dass überhaupt Männer in der damaligen Zeit sich Frauen gegenüber so brutal benommen haben können. Von den wirklichen Verbrechern will man heute nichts mehr wissen, weil man sie damals gedeckt hat.

Ich lege Beschwerde gegen Ihre Rentenfestsetzung nicht nur der Versorgung wegen, sondern über die Art und Weise, wie man uns heute einschätzt und behandelt.“[5]

Am 04.09.1947 wurde ihre „Straftat“ getilgt.

1978 wurde Christine Schröder die Ehrenmedaille des Deutschen Widerstandes verleihen.

Am 02. Februar 1980 verstarb sie unter anderem an den Folgen ihrer Zuchthausinhaftierungen.

5 Staatsarchiv Münster: Entschädigungsakte Reg.Bez. Arnsberg, Nr. 23192 (aus Berufung gegen den Rentenbescheid)

Hedwig Kunold, geb. Krollmann
* 07.01.1907 † 1982

Hedwig war Hausfrau und mit Karl Kunold verheiratet, der beim Bochumer Verein ein aktiver, geschätzter Arbeiter war. Beide waren in der KPD aktiv. Hedwig war unter anderem Kassiererin. [6]

Im Januar 1933 wurde das Haus der Kunolds durchsucht. In einer Akte des Amtes für Wiedergutmachung der Stadt Bochum wird belegt, wie die Faschisten dort gehaust haben: Die SS hatte alle Bücher, die im Schrank standen, ob Goethe oder Marx, mitgenommen (und wohl verbrannt). Sie hatten die ganze Wohnung auf den Kopf gestellt und dabei auch das gesamte Geschirr samt Geschirrschrank demoliert. [7]

Hedwig wurde zum ersten Mal am 28.07.1933 verhaftet und ins Polizeigefängnis Bochum eingeliefert. Am 29.08.1933 wurde sie entlassen. Danach musste sie in ärztlicher Behandlung wegen Magenblutens. Am 14.09.1933 musste sie sich bei der Gestapo melden. Die Gestapo behielt sie im Polizeigefängnis bis zum 02.12.1933.

Von dort wurde sie nach Hamm geschickt und unter Anklage gestellt, zusammen mit einer weiteren Frau und fünf Männern. Die Anklage lautete „Vorbereitung zum Hochverrat".

Ihr wurde vorgeworfen:

1. im Büro der KPD gearbeitet zu haben

2. Parteibeiträge kassiert zu haben

3. kommunistisches Schriftmaterial verbreitet zu haben.

6 Staatsarchiv Münster: Entschädigungsakte Reg.Bez. Arnsberg, Nr. 23038, Sondergericht Hamm beim Oberlandesgericht, Akten-Nr. 14183, 14186, 14190
7 ebenda, Mitteilung der Stadt Bochum, Amt für Wiedergutmachung, Entschädigungsbehörde vom 17.01.1957

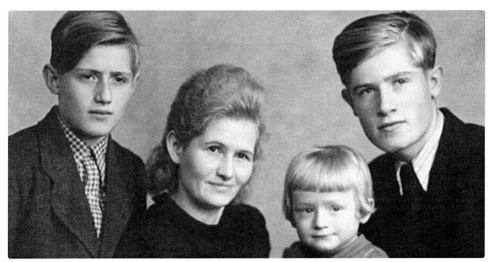

Hedwig Kunold mit ihren drei Kindern

Hierfür wurde sie zu 14 Monaten Gefängnis verurteilt. Sie wurde am 9. Februar 1934 in das Gefängnis Anrath-Krefeld überführt.

Im Mai, Juli und Oktober des gleichen Jahres hatte ihr Ehemann Karl Gnadengesuche geschrieben. Er wies auf den schlechten Gesundheitszustand seiner Frau hin. Außerdem brauche der gemeinsame, 2-jährige Sohn Klaus unbedingt die Fürsorge seiner Mutter.

Die Antwortschreiben der Gefängnisleitung auf die Gnadengesuche waren wie folgt:

„... Frau Kunold hat sich hier gut geführt und fleissig gearbeitet. Der persönliche Eindruck von ihr lässt aber noch nicht die erforderliche Reue und Einsicht erkennen. Sie scheint sich vielmehr immer noch mit Gedankengängen zu beschäftigen, die denen vor ihrer Bestrafung ähnlich sind. Es kann daher keine Gewähr dafür übernommen werden, dass sie sich in Zukunft nicht mehr staatsfeindlich betätigen wird. Dementsprechend vermag das anliegende Gnadengesuch nicht befürwortet zu werden. Der Anstaltsarzt hat sich dahin geäussert, dass keine gesundheitlichen Gründe für eine Begnadigung vorliegen."* [8]

„... Die Kunold gibt hier in ihrer Führung zu Klagen keinen Anlaß. Infolge ihres schwächlichen Gesundheitszustandes leidet sie unter der Haft wohl mehr als andere Gefangene. Gleichwohl vermag ich einen Gnadenerweis nicht zu befürworten, da die K. noch jegliche Einsicht vermissen lässt und

8 ebenda, Mitteilung des Direktors des Untersuchungsgefängnisses Essen vom 15.06.1934

Ehren-Urkunde

Für hervorragende Verdienste im
Widerstandskampf gegen das
nationalsozialistische Gewaltregime,
für die Wiederherstellung
von Freiheit und Demokratie verleiht das
Präsidium der
VVN - Bund der Antifaschisten

Hedwig Kunold

die Ehrenmedaille.

Frankfurt am Main, den 1. September 1978
Der Präsident

EHRENURKUNDE

Für 35 Jahre Kampf
in den Reihen der Kommunistischen Partei Deutschlands
um Frieden, Demokratie und Sozialismus, der Genossin

Hedwig Kunold

In Würdigung Deiner Verdienste im Kampf gegen Militarismus und Krieg, für die Befreiung des werktätigen
Volkes von imperialistischer Knechtschaft, für die Einheit
der Arbeiterklasse und die Festigung unserer stolzen Partei,
wird Dir das

PARTEIEHRENZEICHEN

verliehen. Der Kampf um den Fortschritt gibt dem Leben
einen tiefen Sinn. Mögest Du noch viele Jahre in der
Avantgarde der Arbeiterbewegung, der Kommunistischen
Partei Deutschlands, tätig sein, in der Du in unerschütterlicher Treue und Kampfbereitschaft den jungen Genossen
Vorbild bist

im Januar 1956

KOMMUNISTISCHE PARTEI DEUTSCHLANDS

Landesleitung

i. A.

Urkunden des VVN und der KPD

noch immer ihren kommunistischen Gedankengängen nachgeht." 9

Hedwig Kunold musste bis zu ihrer Entlassung am 03.02.1935 im Gefängnis bleiben, hat jedoch ihrer Überzeugung nicht abgeschworen.

Nach ihrer Entlassung brachte sie noch einen Sohn und eine Tochter zur Welt. Später kamen drei Enkel dazu.

Alle sind politisch aktiv geworden: Als Kommunisten, in der Gewerkschaft, der antifaschistischen Bewegung, in der Naturfreunde- und in der Friedensbewegung.

Sie haben in der VVN Bochum wertvolle Arbeit zur Zwangsarbeiter-Entschädigung und zur antifaschistischen Aufklärung geleistet.

Hedwig Kunold wurde von der KPD und der VVN geehrt. Sie starb im Alter von 75 Jahren.

9 ebenda, Verfügung des Generalstaatsanwaltes Hamm vom 22.11.1934

Gertrud Nattermann, geb. Heider
* 11.08.1883

Gertrud war Verkäuferin beim Zeitungsverlag „Genießer". Sie arbeitete am Zeitungsstand im Hotel Fürstenhof.

Am 10.11.33 wurde sie verhaftet und am 01.02.34 angeklagt wegen staatsfeindlicher Betätigung und Vorbereitung zum Hochverrat. Ihr wurde vorgeworfen, Kommunistin zu sein in einer Gruppe um Heinz Enger, mit dem sie ein Verhältnis gehabt haben soll.

Sie bekam vier Jahre Zuchthaus und Aberkennung der bürgerlichen Ehrenrechte auf die Dauer von drei Jahren. Mit Schreiben vom 09.10.1949 bat sie um Haftentschädigung. [10]

Emilie Schröder/Münstermann, geb. Walter
* 29.11.1894

Emilie hat in Gaststätten geputzt. Sie war verheiratet und politisch in der KPD aktiv von 1926 – 1930. Danach stand sie der Partei weiter nahe und war auch Mitglied im Frauenbund der KPD. Ihre Wohnung wurde öfter durchsucht und alle Bücher mit sozialistischem Inhalt entwendet.

Sie wurde am 18.05.1936 verhaftet und blieb im Polizeigefängnis Bochum bis zum 02.07.1936. Danach wurde sie zum Gerichtsgefängnis Bochum verlegt und verblieb dort bis zum 02.11.1936. Von dort kam sie zum Gerichtsgefängnis Hamm. Anklage: Vorbereitung zum Hochverrat. In der Anklageschrift heißt es:

„Frau Schröder hätte die Schrift, über deren kommunistischem Inhalt sie jedenfalls nicht im Unklaren war, nicht ihrem Ehemann geben dürfen, sondern der Polizei abliefern müssen." [11]

Derartige Ablieferungspflicht war ausdrücklich vorgeschrieben in der Verordnung des Reichspräsidenten zum Schutz des deutschen Volkes.

Am 13.11.1936 wurde Emilie zu fünf Monate Haft verurteilt. Während der Haft bekam sie Nervenzusammenbrüche, die zu einer Trigeminus-Neuralgie führten, worunter sie danach ihr Leben lang litt.

Am Tag der Haftentlassung wurde sie noch auf der Treppe vor dem Gefängnis wieder von der Gestapo verhaftet und erst Ende November entlassen. Sie sollte sich jeden Tag bei der Gestapo melden. Das schaffte sie nur zweimal, dann brach sie zusammen. Im Elisabethhospital wurde eine offene Tuberkulose festgestellt. Nach dem Krieg wurde sie anerkannt als Verfolgte der NS-Gewaltherrschaft. [12]

---

10 Staatsarchiv Münster: Sondergericht Hamm beim Oberlandesgericht, Akten Nr. 1790/8719, 15894, 15895
11 Staatsarchiv Münster: Sondergericht Hamm beim Oberlandesgericht, Akte Nr. 8672
12 Staatsarchiv Münster: Entschädigungsakte Reg.Bez. Arnsberg, Nr. 23101AR

Louise Kölsch, geb. Buttkereit
* 09.08.1910

Louise wurde zusammen mit Emilie Schröder angeklagt. Es war eine Sammelanklage gegen 27 Personen wegen Vorbereitung zum Hochverrat, darunter drei Frauen. Louise war mit Alfred Kölsch verheiratet, der ebenfalls angeklagt war.

Beide waren in der KPD, Louise außerdem noch in der „Roten Hilfe" aktiv. Sie hatten ein Kind, zu der Zeit acht Jahre alt.

Der Grund für ihre Verhaftung war, dass sie kommunistische Schriften (Rote Fahne) gekauft und gelesen hatte. Die Anklage lautete auf „Vorbereitung zum Hochverrat". In der Anklageschrift wird von „Kommunistische Wühlereien im Bezirk Bochum", „illegaler Apparat schaffen, dessen Aufgabe es war, Verbindung mit den Betrieben herzustellen" geschrieben und ihr einer Zusammenarbeit mit Illegalen/Funktionären in Holland vorgeworfen.

Louise wurde ebenfalls zu fünf Monaten Haft verurteilt. [13]

Gaststätte Dorlöchter an der Herner Straße, Treffpunkt einer Bochumer Widerstandsgruppe

Irmgard Chmilewski, geb. Heise
* 14.07.1916

Irmgard Chmilewski stammte aus einer Arbeiterfamilie. Zur Zeit ihrer Verhaftung am 19.6.1936 war sie erst 20 Jahre alt. Sie arbeitete als Hausgehilfin. Sie ist die dritte Frau in der schon erwähnten Sammelanklage.

Auch sie wird verhaftet, weil sie kommunistische Blätter gelesen und verteilt hatte. Auch ihre Anklage lautete auf „Vorbereitung zum Hochverrat".

Am 13.11.1936 wurde sie zu einem Jahr und neun Monaten Haft verurteilt. Sie kam in das Jugendgefängnis Anrath und musste dort bis zum 22.12.1937 bleiben. [14]

13 Staatsarchiv Münster: Sondergericht Hamm beim Oberlandesgericht, Akte Nr. 8672
14 Staatsarchiv Münster: Sondergericht Hamm beim Oberlandesgericht, Akte Nr. 8672

Wilhelmine Kaiser, geb. Kaleja
* 18.11.1899

Wilhelmine Kaiser besuchte die Volksschule Hordel bis zur 8. Klasse. Sie hatte Köchin gelernt. Sie war als Kommunistin bekannt und war in der KPD Frauenleiterin.

Anfang 1933 wurde der Faschist Passmann in Bochum-Gerthe ermordet. Wilhelmine wird mit diesem Mord in Verbindung gebracht. Sie tauchte unter und lebte von März 1933 bis Februar 1934 illegal bei verschiedenen befreundeten Familien. Trotzdem musste sie immer wieder einige Nächte im Freien verbringen. Während der Zeit des illegalen Lebens räumte die Gestapo ihre Wohnung aus. Im Februar 1934 wurde sie in der Wohnung der Familie D. verhaftet. Nach acht Tagen wurde sie aus dem Polizeigefängnis Bochum entlassen, da der Mord inzwischen aufgeklärt war. Ein Bekannter einer Frau, die bei Wilhelmine wohnte, war in diesem Zusammenhang von der Gestapo verhaftet und gefoltert worden.

In der Entschädigungsakte kann man dazu lesen: *„In diesem Zusammenhang hat er meinen Namen genannt. Er wurde von der Gestapo entlassen und war so schwer misshandelt, dass er nur kriechend nach Hause kommen konnte und vor der Wohnung zusammenbrach. ... war sein Erstes, mich dringend zu warnen und dringend zu raten, nicht mehr nach Hause zu gehen, denn die Gestapo ist hinter mir her und wenn die Gestapo in der damaligen Zeit jemand erwische hatte, dann war es um ihn geschehen. ... Es blieb mir also nichts anderes übrig, als flüchtig zu werden. ...(Bei der Verhaftung) man bemerkte ausdrücklich, dass ich Glück gehabt hätte, dass man mich nicht gleich erwischt hätte, denn sonst wäre ich unweigerlich ins KZ gekommen.“*[15]

Durch ihre Flucht mit Hunger, Kälte usw. trug Wilhelmine Kaiser ernsthafte gesundheitliche Schäden davon. Hinzu kamen materielle Verluste und ein ständiges Gefühl der Angst.

15 Staatsarchiv Münster: Entschädigungsakte Reg.Bez. Arnsberg, Nr. 165335

Lucie Suhling, geb. Wilken

* 20.06.1905 † 28.10.1981

Lucie Suhling wurde als zehntes von 14 Kindern in Bochum geboren. Ihr Vater besaß einen Wäscheladen. Bis zur Inflation in den 20er Jahren ging es der Familie recht gut. Lucie wohnte in unmittelbarer Nähe zu Bergarbeitern, wodurch sie die Lage und Probleme der Arbeiter kennenlernte. Sie war als Jugendliche in der Wandervogelbewegung, in der viel politisch diskutiert wurde. So entwickelte sie ein politisches Bewusstsein.

1930 heiratete sie und zog mit ihrem Mann nach Hamburg. Inzwischen war sie in der KPD aktiv, vor allem in der Frauenarbeit. Sie hatte eine Stelle bei der Hamburger Volkszeitung bis zum Verbot der kommunistischen Zeitungen und der KPD. 1933 wurde sie arbeitslos und ging mit ihrem Mann in die Widerstandsbewegung. Flugblätter wurden gedruckt und heimlich vor Haustüren und in Straßenbahnen gelegt. Heimlich schrieben sie Parolen, die zum Widerstand aufriefen auf Hauswände.

Immer wieder wurden sie verhaftet und zu Zuchthausstrafen verurteilt. Während der NS-Zeit war Lucie im Konzentrationslager Fuhlsbüttel, im Hamburger Untersuchungsgefängnis, im Polizeigefängnis Hütten und im Zuchthaus Lübeck-Lauerhof inhaftiert.

Ihre drei Kinder kamen ins Waisenhaus. Nach einer Verurteilung zu zwei Jahren Zuchthaus und ihrer Entlassung wurde sie 1936 wieder aktiv im Widerstand.

Am 30.12.1938 kam es zu einer erneuten Verhaftung, und sie wurde wiederum ins KZ Fuhlsbüttel gebracht, wo sie bis 1939 blieb.

Ihr Mann kam in das berüchtigte Bewährungsbataillon 999. Er kehrte nicht zurück.

1944 wurde sie erneut verhaftet und blieb bis Kriegsende in Haft.

Nach dem Krieg hat sie weiter in der KPD gearbeitet. Sie war Korrespondentin der Hamburger Volkszeitung. Lucie war auch aktiv in der VVN, dem Bund der Antifaschisten. Sie besuchte Schulen und erzählte von ihren Erfahrungen während der Zeit des Faschismus. Ihre Erinnerungen schrieb sie im Buch mit dem Titel „Der unbekannte Widerstand" auf. [16]

---

16 Rundbrief 1997, Lucie Suhling: der unbekannte Widerstand, Willi-Bredel-Gesellschaft, Geschichtswerkstatt e.V. (Hg.) URL: www.bredelgesellschaft.de/schoeps/rb1999.htm

2.4. Widerstand und Verfolgung innerhalb der Kirche

Zu diesem komplexen Thema ist unsere Recherche sehr unvollständig.

Wir können noch keine Einzelschicksale Bochumer Frauen im kirchlichen Widerstand dokumentieren.

Während die offizielle Kirche beider Konfessionen sich nicht geschlossen gegen die Faschisten bekennt, gibt es zahlreiche evangelische und katholische Christen, in der evangelischen Kirche auch organisiert in der sogenannten Bekennenden Kirche (BK), die sich der Gleichschaltung widersetzen und verfolgt werden.

Ende 1934 beginnen die staatlichen Schikanen und Eingriffe mit der Eingliederung des Evangelischen Jugendwerks, der Beseitigung der Konfessionsschulen und dem Verbot kirchlicher Vereine.

Die in der BK organisierten Gemeinden werden für den nationalsozialistischen Staat zunehmend zum Unsicherheitsfaktor.

Gottesdienste werden überwacht, BK-Mitglieder der Staatsfeindlichkeit bezichtigt.

Eine damalige Konfirmandin erinnert sich:

„Während ich im Konfirmandenunterricht war, wurde dreimal der Pfarrer weggebracht." [1]

Es gibt zunehmend Verhaftungen, Pfarrer kommen in Konzentrationslager.

Die in der Frauenhilfe organisierten Frauen einiger Bochumer Gemeinden führen durch ihre Widerstandshaltung gegenüber Hitler-freundlichen Pfarrern vielfach eine Situation herbei, in der die Gemeinde nicht nur ihre Glaubenshaltung, sondern damit auch ihre politische Haltung bekennen muss.

In Bochum-Weitmar, wo der Kirchenkampf von Anfang an besonders heftig geführt wird, bekennt sich die Frauenhilfe schon 1934 eindeutig zur BK und leistet Widerstand gegen die Hitler-nahe Gemeindeleitung, indem sie auf einer Generalversammlung beschließt, sich von dieser zu trennen.

Die Konsequenz für die Frauen ist schließlich die Verweigerung eines Versammlungsortes und die Beschlagnahmung von Kollekten durch die Gestapo.

1 Zit. in: Frauenreferat d. Ev. Kirchenkreises Bochum u. Offene Altenarbeit d. Inneren Mission-Diakonisches Werk Bochum e.V. (Hrsg.): Das weiß ich noch wie heute - Bochumer Frauen erzählen, Bochum: biblioviel Verlag 2006, S.86

2.5. Zeugen Jehovas

Die **IBV = Internationale Bibelforschervereinigung**, die Organisation der Zeugen Jehovas in Deutschland, wurde bereits 1933 verboten, alle Druckschriften verbrannt und das Vermögen beschlagnahmt.

Nach anfänglicher Anpassung an die neuen Machthaber folgte schnell eine kompromisslose Ablehnung des Nationalsozialismus als Verkörperung des Bösen und als Machwerk des Satans.

Trotz massiver Bespitzelung, Postkontrollen und Verhaftungen durch die Gestapo führten sie weiterhin illegal in Privatwohnungen ihre regelmäßigen religiösen Treffen durch, machten Hausbesuche und vervielfältigten und verteilten die verbotenen Glaubensschriften.

Neben Wahlboykott und Verweigerung des Hitlergrußes („Vergehen gegen das Heimtückegesetz") war die Wehrdienstverweigerung und absolute Kriegsgegnerschaft ein weiterer Grund für ihre Verfolgung. Mit Verschärfung der staatlichen Repression 1936/37 wurde verstärkt versucht, ihnen das Fürsorgerecht für ihre Kinder zu entziehen, um diese im Sinne der „Volksgemeinschaft" zu erziehen.

Viele der wegen angeblich staatsgefährdender Tätigkeit verurteilten Zeugen Jehovas waren Frauen. Sie erhielten Strafen zwischen mehreren Monaten und einigen Jahren, zum Teil sogar Todesstrafen und wurden von der Gestapo zunehmend direkt in Konzentrationslager eingeliefert.

Viele entgingen dem KZ nur, weil sie unter Druck schriftlich vom Glauben abschworen.

Maria K.
* 26.11.1897

Maria K. wurde wegen verbotener Bibelforschertätigkeit, Teilnahme an verbotenen Zusammenkünften und Verteilung von Schriften zu sieben Monaten Gefängnis verurteilt, wovon sie vier Monate im Polizeigefängnis Bochum absaß.

Danach war sie weiter unter Polizeiaufsicht mit zunächst täglichen Meldungen und danach weiterer ständiger Überwachung.

Folgen dieser Schikanen waren: Kopfschmerzen, Angstzustände, psychisches Trauma während der Haft, Herzprobleme und Nervenzerrüttung.[1]

---

1 Staatsarchiv Münster, Entschädigungsakte Reg.Bez. Arnsberg 50048

Konzentrationslager ....
       Abteilung II
       ‗‗

E r k l ä r u n g.

Ich, - der - die ....

geboren am:.................. .... in: ....

gebe hiermit folgende Erklärung ab:

1. Ich habe erkannt, dass die Internationale Bibelforschervereinigung eine Irrlehre verbreitet und unter dem Deckmantel religiöser Betätigung lediglich staatsfeindliche Ziele verfolgt.
2. Ich habe mich deshalb voll und ganz von dieser Organisation abgewandt, und mich auch innerlich von dieser Sekte freigemacht.
3. Ich versichere hiermit, dass ich mich nie wieder für die Internationale Bibelforschervereinigung betätigen werde. Personen, die für die Irrlehre der Bibelforscher an mich werbend herantreten oder in anderer Weise ihre Einstellung als Bibelforscher bekunden, werde ich unverzüglich zur Anzeige bringen. Sollten mir Bibelforscherschriften zugesandt werden, so werde ich diese umgehend bei der nächsten Polizeidienststelle abgeben.
4. Ich will künftig die Gesetze des Staates achten, insbesondere im Falle eines Krieges mein Vaterland mit der Waffe in der Hand verteidigen und mich voll und ganz in die Volksgemeinschaft eingliedern.
5. Mir ist eröffnet worden, dass ich mit meiner erneuten Inschutzhaftnahme zu rechnen habe, wenn ich meiner heute abgegebenen Erklärung zuwiderhandle.

...., den..................   .. ..

KL/47/4, 43 5000

Unterschrift.

Hildegard K.
* 15.11.1905

Hildegard K. wohnte mit ihrem Mann seit 1933 in Bochum. Er wurde 1937 wegen Betätigung für die Bibelforscher in Haft genommen. Es gelang ihm jedoch die Flucht nach Holland, wo seine Frau ihn zweimal besuchte. Sie selbst wird – obwohl sie sich davon distanziert – wegen verbotener Bibelforschertätigkeit 1939 zu einem Jahr und drei Monaten Gefängnis verurteilt. [2]

Wilhelmine S.
*05.01.1887

Wilhelmine S. wurde wegen verbotener Bibelforschertätigkeit am 2.3.1937 verhaftet und zu fünf Monaten Gefängnis verurteilt. Ihr wird in der Anklageschrift vorgeworfen, sich *„über die Bibel ... unterhalten zu haben. Ab 1936 verschaffte sie sich wiederholt illegale Schriften."* [3]

2 Staatsarchiv Münster: Sondergericht Dortmund, Akte Nr. 233
3 Staatsarchiv Münster: Sondergericht Dortmund, Akte Nr. 232

2.6. Widerstand aus der Bevölkerung

Der allgemeine, nicht organisierte Widerstand aus dem Alltag heraus war vielfältig. Er war meist ein Ausdruck persönlicher Empörung, der Betroffenheit, des Mitgefühls, zum Teil aber auch im Sinne eines politischen Bewusstseins eine „Unmutsäußerung" oder ein verbaler Protest gegen die Nazidiktatur, was häufig schon zur Anklage reichte. Besonders nach dem Überfall auf Stalingrad nahmen oppositionelle Handlungen und Kritiken am Kriegsgeschehen auch in Bochum deutlich zu.

Gauparteitag der NSDAP-Westfalen-Süd in Bochum/ Vorbeimarsch von NS-Einheiten am Bochumer Rathaus Mai 1938)

Vielfach wurde denunziert, selbst aus der eigenen Familie heraus oder von den Nachbarn, teilweise auch aus ganz persönlichen egoistischen Gründen.

Als sogenannte „Heimtückefälle" vor dem Sondergericht Dortmund verhandelt, wurden die Beschuldigten bespitzelt und gründlich durchleuchtet. Nicht selten wurden sie von den Parteistellen auch nach der Urteilsverkündung oder Haft noch weiter verfolgt.

Schon die „Unmutsäußerungen" gegen Staat, Partei und Krieg oder das „Abhören feindlicher Sender" wurden mit hohen Strafen belegt, erst recht natürlich Arbeitsverweigerungen und Sabotageakte in den Betrieben oder der Umgang mit Kriegsgefangenen und Zwangsarbeitern.

Anna Schwarze, geb. Kroll*
28.05.1899 in Sölde

Anna Schwarze war verheiratet, hatte einen 13-jährigen Sohn und war Untergruppenführerin im Luftschutz. Sie wurde von einer Nachbarin angezeigt wegen „Vergehen gegen das Heimtückegesetz".

Anna Schwarze soll sehr erregt und böse geäußert haben:

„Adolf Hitler kann den Hals nicht vollkriegen, er kann auch kein bisschen beigeben, der Krieg brauche nicht zu sein".[1]

Das Verfahren wurde eingestellt, weil Frau Schwarze unter das Gnadengesuch des Führers fiel, da sie Luftschutzhelferin war.

---

1 Staatsarchiv Münster: Sondergericht Dortmund, Akte Nr. 772

Anna Pira, geb. Bieling

* 08.05.1908

Anna Pira war ebenfalls angeklagt wegen „Vergehens gegen das Heimtückegesetz".

Sie war vom 12.01.1944 – 21.04.1944 in Bochum inhaftiert.

Die Akten des Sondergerichts Dortmund sind durch Kriegseinwirkung verlorengegangen. [2]

Lilli Zwenger

* 30.05.1905

Lilli Zwenger war ledig und Rüstungsarbeiterin beim Bochumer Verein.

Denunziert wurde sie von einem Vorarbeiter im November 1944, der Notizen von ihr in einem unverschlossenen Schreibtisch in der Stabstahlglüherei fand, in denen sie Hitler die Schuld an den Ereignissen gab.

„Und warum dieses alles? Alles nur wegen eines kleinen, wahnsinnigen Gefreiten." [3]

Im Verhör gab sie offen zu, mit ihrer Äußerung Hitler gemeint zu haben.

„Eine Entschuldigung hierfür kann ich eigentlich nicht anbringen, denn ich habe ja, bevor ich den Ausspruch getan und niederschrieb, mir diesen überlegt." [4]

Dies galt als Terrorangriff. In der Anklage wurde vermerkt: *„Sie hat heimtückische, gehässige und von niedriger Gesinnung zeugende Äußerungen über den Führer getan".*[5] Lilli Zwenger wurde am 01.12.1944 festgenommen und in Bochum inhaftiert. Bei der Verhandlung am Sondergericht Dortmund kam es nicht mehr zu einem Urteil.

Hedwig Heitzmann

* 04.09.1904

Hedwig Heitzmann wurde angeklagt wegen „Vergehens gegen das Heimtückegesetz" und zu zwei Jahren und sechs Monaten verurteilt.

Sie kam am 11.11.1943 in U-Haft und befand sich vom 21.08.1944 – 04.04.1945 im Gefangenenlager Oberems.

1950 stellte sie einen Antrag auf Anerkennung als politisch Verfolgte. Die Stadt Bochum teilte ihr mit, dass keine Akten mehr vorhanden seien. [6]

Anna Neuse, geb. Black

* 07.06.1903 in Bochum

Anna Neuse wurde von ihrer Untermieterin Anfang 1937 angezeigt. Sie soll sich dieser gegenüber folgendermaßen geäußert haben:

„Nehmen Sie den Adolf von der Wand".[7]

Anna Neuse wurde angeklagt wegen „Vergehen gegen das Heimtückegesetz" vom 20.12.1934 (Angriff auf Staat und Partei). Es wurden keine weiteren Gerichtsakten gefunden.

2 Staatsarchiv Münster, Sondergericht Dortmund Akte Nr. 2445
3, 4, 5: Staatsarchiv Münster, Sondergericht Dortmund, Akte Nr. 473
6 Staatsarchiv Münster, Sondergericht Dortmund Akte Nr. 2442
7 Staatsarchiv Münster, Sondergericht Dortmund Akte Nr. 458

Auguste R.
* 02.09.1890

Auguste R. war Hausfrau, verheiratet, hatte einen Sohn, 26 Jahre alt, und wohnte in Bochum. Ihr zweiter Mann war Mitglied der NSDAP. Sie wurde am 03.07.1938 inhaftiert, weil sie von Nachbarn denunziert worden war. Laut eines Berichtes des Kreisleiters der NSDAP, Westfalen-Süd vom 26.07.1938 an die Geheime Staatspolizei in Bochum soll sie geäußert haben:

„Ein jeder, der die Parteinadel trage, sei ein Schuft, denn nur mit diesem Anhängsel könne man Arbeit oder einen guten Posten bekommen, so z.B. der frühere Rechtsanwalt, der jetzt in Dortmund Oberbürgermeister sei. Nur solche Schufte kämen voran." [8]

Weiter heißt es in der Anzeige des Kreisleiters: *„Mit Rücksicht auf das unglaubliche Verhalten der Frau R., die bei jeder sich bietenden Gelegenheit gehässige Äußerungen gegen Staat und Partei macht, ist es dringend erforderlich, daß hier einmal kräftig durchgegriffen wird und daß der Frau R. einmal zu zeigen ist, wie sie sich im nationalsozialistischen Staat zu benehmen hat."* [9]

Sie wurde angeklagt wegen Vergehens gegen das Heimtückegesetz. Das Verfahren wurde vom Sondergericht Dortmund am 29.10.1938 eingestellt, da die Denunzianten nicht glaubhaft waren und das Ganze als ein Mieterstreit angesehen wurde.

Erika Hartung, geb. Schäfer
* 14.11.1916

Erika Hartung war geschieden, hatte ein Kind und war Hilfsarbeiterin in der Metallindustrie. 1943 erhielt sie die Freigabe des Arbeitsamtes zur Führung des Haushaltes ihres Vaters. Zur Zeit der Verhaftung arbeitete sie als Serviererin. Sie gehörte keiner nationalsozialistischen Organisation an.

Sie wurde angeklagt wegen „Vergehen gegen das Heimtückegesetz".

Es wurden ihr äußerst gehässige und ketzerische Äußerungen vorgeworfen.

„Wenn ganz Bochum kaputtgeworfen wird und es bleibt noch ein Keller stehen, dann wohne ich in diesem Keller und wenn dann nach dem Kriege die Fahne geschwungen wird, dann will ich sie schwingen." *„Es muß doch einer die Fahne schwingen und ich werde die Fahne schwingen, ganz gleich, welche Farbe sie hat, ob sie rot, grün oder blau ist. Grünspan kommt ja an jedes Ding."* [10]

Dazu weitere Zitate aus der Anklageschrift: *„Ihre Reden stellen den Höhepunkt ihrer Gehässigkeit und heimtückischen Gesinnung dar. Sie bezwecken nicht mehr und nicht weniger als in zynischer Weise den Untergang des heutigen Staatssystems und der nationalsozialistischen Weltanschauung anzukündigen."* Oder: *„Es kann überhaupt nur die rote Fahne gemeint*

---

8 Staatsarchiv Münster , Sondergericht Dortmund Akte Nr. 296
9 ebenda
10 Staatsarchiv Münster, Sondergericht Dortmund Akte Nr. 1064

sein... *nur das Ende der nationalsozialistischen Anschauung und Herrschaft."*

Die Anklage wirft Erika Hartung auch Kritik an der deutschen Presse vor. Sie soll gesagt haben: *„Was sie da sagen, das glauben wir, wir glauben ja auch alles was in der Zeitung steht."*

Die Anklageschrift bemerkt dazu: *„Durch die Äußerung zu 2a) über die deutsche Presse tritt die gehässige Kritik der Angeklagten offen zutage, wenn sie ironischerweise der deutschen Presse und den mit ihr in Verbindung stehenden staatlichen Pressestellen Nachrichtenfärbung unterstellt. Der Zweck dieser Worte ist, bei den Volksgenossen hetzen und das Vertrauen zur deutschen Presse zu untergraben."*

Ebenfalls warf die Anklage ihr Sabotage in der Arbeit vor.

Am 20.4.1944 wurde sie vom Sondergericht Dortmund zu zwei Jahren Gefängnis und zur Übernahme der Kosten des Verfahrens verurteilt.

Wegen ihrer Schwangerschaft bekam sie Strafaussetzung.

Ihre Akten sind verbrannt.

Anna M.
* 16.06.1910

Anna M. war verheiratet und arbeitete als Hilfsarbeiterin beim Bochumer Verein in der mechanischen Werkstatt II.

Sie wurde von ihrer Nachbarin denunziert wegen folgender Äußerung: *„Der Führer ist ein blutgieriger, wahnsinniger Vollidiot, der die Völker aufeinander hetzt, den sollte man erschießen."* [11]

Sie wurde angeklagt wegen Beleidigung des Führers und Vergehen gegen das Heimtückegesetz. Über das Urteil ist nichts bekannt, weil die Folgeakten fehlen.

Anna M. hat wiederum die Nachbarin wegen Verstoßes gegen das Rundfunkgesetz denunziert.

Der Ehemann wurde im März 1940 festgenommen wegen staatsfeindlicher Äußerungen. Anna M. hat daraufhin einen Aufnahmeantrag in die Partei gestellt, der jedoch abgelehnt wurde, weil man ihr Vorteilsnahme unterstellte.

---

11 Staatsanwaltschaft Münster, Sondergericht Dortmund Akte Nr. 296

Elisabeth Bermer, geb. Schroer
* 01.07.1901

Wie repressiv und erbarmungslos das faschistische Regime gerade gegen Ende des Krieges aus Angst vor negativer ‚Stimmungsmache' auch gegen Menschen vorgeht, die in keiner Weise etwas mit organisiertem Widerstand zu tun haben, sondern lediglich im privaten Kreis ihrem Unmut über die Verhältnisse Ausdruck geben, zeigt das Beispiel von Elisabeth Bermer, Mutter zweier Kinder.

Das Beispiel zeigt auch in erschreckender Weise das Funktionieren von Denunziation.

Unter dem Vorwurf der Heimtücke und Wehrkraftzersetzung wird Elisabeth Bermer am 6.10.1944 verhört. Ihr „Vergehen" besteht darin, dass sie in privatem Rahmen in einem Gespräch über den Krieg die Frage gestellt hat:

„Glauben Sie denn noch an einen Sieg?" [12]

Aus ihrer Akte geht hervor, dass der Generalstaatsanwalt empfiehlt, den Fall wegen der Schwere des Vergehens an die nächst höhere Instanz beim Volksgerichtshof weiter zu geben.

Nach den Recherchen von Annette Zehnter wurde eine Bochumerin sogar zum Tode verurteilt, weil *„sie sich 1943 in der Evakuierung negativ zum Kriegsgeschehen geäußert hatte."* [13]

Weiter beschreibt Annette Zehnter eine Ehefrau, die im August 1943 ebenfalls in der Evakuierung gegenüber einem Unteroffizier „defaitistische Äußerungen" gemacht hatte. Laut Urteil des Volksgerichtshofes Berlin hatte sie während einer Unterhaltung gesagt: *„Wenn mein Mann genau wüsste, dass er damit vielen einen Gefallen tun könnte, würde er den Führer erschießen."* Da sie Mutter von sieben Kindern war und ihre Äußerungen als „einmalige Entgleisung" gewertet wurden, erhielt sie statt der Todesstrafe nur fünf Jahre Zuchthaus. Ihr wurde vorgeworfen, sie habe Wehrkraftzersetzung in Kauf genommen. [14]

Das **„Abhören feindlicher Sender"** war weit verbreitet und den Parteistellen und der Gestapo ein Dorn im Auge, weil man Informationen aus dem Ausland und wahrheitsgemäße Darstellungen des Kriegsgeschehens sowie über die faschistische Terrorherrschaft fürchtete. *„In einem derart häufigen Abhören ausländischer Sender muß aber auch für eine sonst staatsbejahende Persönlichkeit eine große Gefahr erblickt werden, da erfahrungsge-*

---

12 Staatsarchiv Münster: Generalstaatsanwaltschaft Hamm, Akte Nr. 11122
13 Zehnter, Annette: Widerstand und Verfolgung in Bochum und Wattenscheid 1933 – 1945, Essen: Klartext-Verlag, 1992, S. 303
14 ebenda

mäß bei solch regelmäßigem Abhören das Gift der feindlichen Propaganda nach und nach doch zu wirken beginnt und über den Abhörer auch in das Volk dringen kann." [15]

Rosa Lakotta, geb. Wamroch
* 31.08.1890 in Jagenow/Oppeln

Lene Lakotta
* 12.03.1918

Rosa Lakotta war Hausfrau und Mutter von fünf Kindern.

Lene, ihre Tochter, war ledig und Hausgehilfin.

Rosa Lakotta wurde wegen Abhörens des englischen Rundfunks und der Weigerung einer nationalsozialistischen Organisation beizutreten zu einem Jahr und drei Monaten Zuchthaus verurteilt. [16]

Ihre Tochter Lene erhielt wegen des Abhörens des englischen Rundfunks ein Jahr Zuchthaus.

Beide wurden am 23.11.1944 in der Bochumer Justizvollzugsanstalt inhaftiert. Von dort flohen sie nach einem Bombenangriff am 4.11.1944. Trotz verbrannter Akten wurden sie zur Fahndung ausgesetzt. Das Sondergericht Dortmund holte hierzu sogar Auskunft aus dem Auslandsstrafregister ein. Rosa und Lene Lakotta stellten sich am 9.1.1945 freiwillig. Sie haben beide überlebt.

Der Ehemann und Vater, Johannes Lakotta, wurde wegen des gleichen „Delikts" sowie Nichterwiderung des „Nazigrußes" verurteilt.

Frieda B.
* 12.01.1899

Frieda B. war verheiratet, Hausfrau und hatte einen 19-jährigen Sohn.

Es wurde am 30.05.1940 von ihrer Nachbarin Strafanzeige wegen „Abhören feindlicher Sender" gestellt.

Der Oberstaatsanwalt hatte als Leiter der Anklagebehörde beim Sondergericht Dortmund am 04.10.1940 das Verfahren eingestellt und die Staatspolizei Bochum gebeten, Frau B. eindringlich zu verwarnen, das Rundfunkgerät sicherzustellen und gegen die Denunziantin Frau M. ein besonderes Verfahren einzuleiten. Der 19-jährige Sohn der Frau B. war früher Kameradschaftsführer in der Hitlerjugend und dann Parteimitglied. [17]

---

15 Staatsarchiv Münster, Sondergericht Dortmund, Akte Nr. 328
16 Staatsarchiv Münster, Sondergericht Dortmund, Akte Nr. 403
17 Staatsarchiv Münster, Sondergericht Dortmund, Akte Nr. 837

2.7. Die Zeitzeugin Else Sunkel

Else Sunkel

* 1923

1944 wurde Else Sunkel dienstverpflichtet in das Zwangsarbeiterlager Bochum–Gerthe. Dort musste sie bis Mai 1945 in der Küche arbeiten.

„1944 kam ich ins Lager. Davor war ich am arbeiten als Hutmacherin auf der Richardstraße und das Haus wurde bombardiert. Da war dann das Hutatelier auch weg ... Jetzt musste man ja alles melden. Und dann bekam ich vom Arbeitsamt, oder wie das damals hieß, Bescheid. Da wurden man dienstverpflichtet. Ich musste ins Lager, in die Küche, ob ich wollte oder nicht. Mir hat es ja auch gut gefallen. Ich hatte mich mit den Russen angefreundet, mit den Frauen. Die waren alle nett." (Auszug aus einem Interview mit Else Sunkel am 26. Juni 2006 in Bochum)

Sie freundete sich mit den russischen Frauen an, besonders mit Klawa, einer Zwangsarbeiterin aus der Ukraine, die im März 1945 im Gerther Krankenhaus ihre Tochter Ljuba geboren hatte. Wieder im Lager zeigte sie Else Sunkel das Kind.

Else Sunkel berichtet weiter: *„Das Kind hatte von oben bis unten Binden. Arme und Beine, alles war zugewickelt. Ich denke: Nein, wie soll das Kind so leben? Dann habe ich das meiner Mutter gesagt und die war ja auch so mitleidig. Wir hatten oben noch*

Else Sunkel August 2007 in ihrer Wohnung

ein Zimmer, wo sie alles Mögliche abgestellt hatte. Sie hatte noch Sachen von meinem Bruder, der acht Jahre jünger ist als ich. Sie ist dann raufgegangen und hat einen ganzen Sack voll Sachen gepackt. Ich habe dann alles mitgenommen".

1999 bekam Else Sunkel Besuch von Ljuba, Klawas Tochter.

Frau Jachnow von der Gesellschaft Bochum - Donezk hatte für die „Initiative Entschädigung jetzt" die Kontakte zu den ehemaligen ZwangsarbeiterInnen hergestellt.

Eine menschlich tiefbewegende Begegnung mit Ljuba und Else Sunkel fand statt. Ihre Mutter Klawa konnte aus gesundheitlichen Gründen leider nicht nach Deutschland reisen. Zwischen Klawa, ihrer Tochter und Else Sunkel besteht noch immer ein liebevoller Kontakt.

„Gerade mit der Klawa habe ich mich so gut verstanden. Und wie die Frau Jachnow das erste Mal angerufen hat und ich sagte: »Eine kenne ich noch, die Klawa.« Da sagte sie: »Ach, das ist doch die Mutter von der Ljuba?! Wann können wir kommen?« Die waren jetzt auch wieder da. Diese Ljuba, diese Tochter, die ist einmalig. Die hat mich gedrückt ... Die Mutter lebt auch noch, aber sie war nicht hier. Sie hatte schon einen Schlaganfall. Ljuba hat Bilder von ihr mitgebracht. Sie hat von der Stadt Bochum einen Rollstuhl gekriegt. Wir haben uns seither nicht mehr gesehen. Als die Ljuba das erste Mal hier war, sagte sie: »Das ist doch wie ein Wunder, dass Sie meine Mutter so gut kannten.« Die Mutter wohnt mit der Tochter noch zusammen, die Ljuba ist Kindergärtnerin. Sie hat selber drei Mädchen, die studiert haben und drei Enkelkinder. Das sind liebe Menschen.“

Else Sunkel mit Ljuba

Weitere Auszüge aus unserem Interview in Else Sunkels Wohnung am 26.6.2006, in denen sie über die Verhältnisse im Lager berichtet:

Wie waren die Baracken eingerichtet?

„Ein Bett war drin, weiter auch nichts. Vielleicht ein Haken, wo man etwas aufhängen konnten, aber kein Tisch und kein Schrank ...Die Frauen hatten normale Kleidung an, keine Zwangsarbeiterkleider. Das hat man ja auch auf den Bildern gesehen, die ich hatte. Sie mussten ohne alles von da weg, wo sie in Russland gewohnt hatten, und wurden nach hierhin verschleppt, ob sie wollten oder nicht ... Sie durften auch nicht aus dem Lager heraus. Es gab einen Verwalter. Als der Krieg aus war, ist der gerannt. Die hätten den umgebracht. Der war nur schäbig. Der Verwalter hatte alles, ob das Klopapier war oder Binden. Wenn die Frauen ihre Tage hatten, hat er das nicht einmal herausgerückt. Hat wohl Geschäfte damit gemacht. Die Frauen haben sich denn auch beschwert. Das ist auch eine Schweinerei.

Stacheldraht gab es keinen um das Lager. Solange ich da war, ist niemand geflüchtet.“

Und geflohen ist nie einer?

„Nicht dass ich wüsste. Ob sie das geheim gehalten haben, das weiß ich nicht. Aber als der Krieg aus war, da brachte mir eine – sie hieß Sonja, von ihr habe ich auch ein Bild – Margarine. Sie brachte mir Plätzchen, alles, was sie woanders geplündert hatte, weil ich ihnen ja auch immer Sachen mitgebracht hatte. Ich muss sagen, ich habe nur gute Sachen von denen erlebt, bestimmt."

Konnten die Zwangsarbeiter nach Hause schreiben?

„Das war gar nicht drin."

Es war der Kampf um Stalingrad, man hat gemerkt, der Krieg, der Hitlerfaschismus geht zu Ende. Woher haben die Zwangsarbeiter ihre Informationen bekommen?

„Die waren ja in der Grube, da waren auch Deutsche. Die haben sich gut verstanden und sich unterhalten. Und dann haben die allerhand von denen mitgekriegt. Die haben ja mit denen zusammen gearbeitet in der Grube. Wir haben, als die Frauen evakuiert waren, für die Deutschen und für die Russen gekocht. Ich habe Ihnen ja schon gesagt, was das für ein Fraß war: nur getrocknetes Gemüse, das mit Wasser gekocht wurde in den Kesseln. Ein Paar Kartöffelchen nur rein. Und für die Deutschen wurde normal gekocht. Der Metzger kam, es gab Fleisch."

Konnten sie den Fremdarbeitern manchmal etwas zustecken?

„Das habe ich schon manchmal gemacht. Aber Essen von da nicht. Das konnte ich noch nicht einmal essen. Einer der Köche gab mir einmal eine Wurst. Die stank so, die habe ich gar nicht angenommen. Wenn es auch schlechte Zeiten waren, aber so etwas kann ich nicht essen. Zuhause hatten wir

immer Hühner, auch einmal ein Schwein. Die Nachkriegszeit war schlimmer, da gab es gar nichts..... . Die Menschen, die um das Lager herum wohnten, hatten keinen Kontakt zu den Leuten im Lager. Die Leute, die hier (Kornharpen, d. Verf.) um uns herum wohnten, waren alle Nazis. Als ich in dem Bunker mit den Russen, die ja meine Arbeitskollegen waren, gesprochen habe, hat eine gesagt:»Am liebsten möchte ich die Else anzeigen, die ist ja russenfreundlich.« Klar, was die wollten, habe ich Ihnen alles besorgt, da kenne ich nichts. Das konnten sie mir ja nicht nachweisen. Es war eine ganz schlimme Zeit."*

Wie viele Leute waren im Lager? Es gab ja allein in Bochum über 130.000 ZwangsarbeiterInnen.

„Ich konnte das ja sehen, bei jeder Schicht holten die ja ihr Essen ab. Das sollte ja abgewogen werden. Die Einheiten wurden so geschnitten und dann abgegeben Aber nur durch den kleinen Schalter, da hat man die Männer nicht so gesehen. Es waren drei große Kessel, in denen wir für die Russen gekocht haben. Es waren allerhand Leute. Wieviel genau, weiß ich nicht, ich war ja noch jung. Man hat sich die Zahlen nicht so gemerkt. Neue kamen keine mehr dazu.

Meinen Vater, den hätten sie ins Konzentrationslager gebracht, wie der auf den Hitler geschimpft hat. Der hat ihn verflucht, wenn er einen getrunken hatte. Die Bergleute – wie das früher so war. Der war auf

BDM-Mädchen

der Zeche, da oben war die Wirtschaft. Nachher war er dann Wächter, weil er einen Unfall hatte. Zuvor war er immer auf Lothringen II und III. Was hat der auf den Hitler geschimpft!... Mein Vater war auch in der Gewerkschaft, in einer Partei war er nicht. Aber den Adolf konnte er schon gar nicht leiden. Früher mussten wir ja auch alle in den BDM. Das durfte ich auch nicht, bis es nachher schon Zwang war. Das war meine schönste Zeit. Heimabend hieß das immer. Da wurde nie von Politik geredet. Wir haben Scharaden gemacht, wir haben allerhand Spiele gemacht."

Als es zu Anfang der Hitlerdiktatur die vielen Verhaftungen gab von Kommunisten, Gewerkschaftern und Sozialdemokraten, haben Sie davon etwas mitgekriegt?

„Von den Verhaftungen habe ich nichts mitgekriegt. Aber die Nazis haben andere Nachbarjungen verhauen nach Strich und Faden, weil sie in der SPD waren. Juden gab es in unsere Gegend direkt nicht. Aber wir haben immer beim Juden gekauft. Die waren preiswerter, zum Beispiel in einem Stoffgeschäft auf der Kortumstraße. Obwohl am Schaufenster stand, dass Deutsche das Geschäft nicht betreten dürfen! Da hatte meine Mutter ja keine Angst. Ein jüdischer Metzger in der Große-Beck-Straße, der hat uns alles zugesteckt. Ich kann über die Juden nichts sagen, wirklich gar nichts. Wen die Nazis als judenfreundlich oder russenfreundlich erwischt haben, den haben sie bestraft. Wir sollten nur mit Deutschen umgehen. Kortum hieß damals Alsberg und da waren viele jüdischen Geschäfte. Die Leute haben gerne da gekauft."

2.8. Verbotener Umgang mit Kriegsgefangenen

Jeglicher „Umgang mit Kriegsgefangenen" war strengstens untersagt und trotzdem gab es viele Frauen in Bochum, die den Mut fanden, den Kriegsgefangenen oder Zwangsarbeitern heimlich Lebensmittel zuzustecken oder ihnen sogar zur Flucht zu verhelfen. Einige der uns bekannten Beispiele sollen diese besondere Art von Widerstand in diesen finsteren Zeiten des Faschismus verdeutlichen.

Organisierte Hilfe für französische Kriegsgefangene wurde 1941/1942 über das direkt an den Bochumer Verein grenzende Bordell „Im Winkel" 15 geleistet. Es war ein öffentliches Bordell und ausschließlich für ausländische Zivilarbeiter, in dem vier französische und fünf polnische Prostituierte arbeiteten. Reichsangehörigen und Kriegsgefangenen war der Zutritt verboten.

„Das Ausländerbordell grenzt an das Gelände des Bochumer Vereins. Die Grundstücke sind lediglich durch einen Holzzaun voneinander getrennt. Auf dem genannten Werk sind französische Kriegsgefangene beschäftigt, von denen besonders um die Jahreswende 1941/42 viele entflohen und nach Frankreich zurückkehrten. Die Kriegsgefangenen kletterten häufig über den Zaun und suchten das Bordell auf, in dem sie sich längere Zeit aufhielten und in

dem ihnen Hilfsdienste jeder Art zu ihrer beabsichtigten Flucht geleistet wurden." [1]

Prostituierte und Angestellte des Bordells sowie Arbeiter, auch französischer Nationalität, versorgten von dort aus Kriegsgefangene mit Lebensmitteln und Geld, beschafften Zivilkleidung, färbten deren französische Uniformteile um und organisierten Fluchtmöglichkeiten.

„Sie waren sich darüber bewußt, daß durch ihr Verhalten den französischen Kriegsgefangenen die Flucht erleichtert und ermöglicht wurde. Durch Verschaffung von Zivilkleidern und größeren Geldmitteln, durch ihren Ankauf von teurer Schokolade und Tabakwaren leisteten sie den Gefangenen und Fluchtabsichten bewußt Vorschub." [2]

Alle wurden am 22.03.1942 verhaftet und zwischen einem und vier Jahren Zuchthaus verurteilt wegen „verbotenen Umgangs mit Kriegsgefangenen" und Fluchthilfe.

In der Urteilsbegründung vom 03.11.1942 heißt es weiter:

„Der Umgang mit Kriegsgefangenen birgt für das Deutsche Reich und die Reichsverteidigung schwerste und unabsehbare Gefahren. Der Spionage und wie im vorliegenden Falle der Flucht von Gefangenen sind Tür und Tor geöffnet. Wer sich daher gegen die zur Verhinderung eines Verkehrs mit Kriegsgefangenen erlassenen Bestimmungen vergeht, verdient empfindliche Strafen. Die genannten Gefahren sind

---

1 Aus dem Urteil vom 3.11.1942, Staatsarchiv Münster , Sondergericht Dortmund Akte Nr. 755
2 ebenda

umso größer, wenn sich der verbotene Umgang in Dirnenkreisen abspielt. Aus diesen und ähnlichen Kreisen stammen sämtliche Angeklagten. Es handelt sich bei allen durchweg um asoziale und minderwertige Menschen. Um andere, insbesondere die deutschen und ausländischen Dirnen abzuschrecken, sich in ähnlicher Weise wie die Angeklagten zu betätigen, mußten Strafen verhängt werden" [3].

Folgende drei Frauen gehörten zu dieser am 22.03.1942 angeklagten Gruppe des Bordells:

Elfriede P.
* 26.01.1905 in Bochum

Elfriede P. war in zweiter Ehe verheiratet. Ihr erster Ehemann soll im Konzentrationslager verstorben sein. Sie arbeitete als Putz- und Nachtfrau im Bordell.

Am 03.11.1942 wurde sie zu vier Jahren Zuchthaus und vier Jahren Ehrverlust verurteilt.

Sie sollte ihre Strafe im Zuchthaus Anrath verbüßen. Dort wurde sie wegen einer offenen Lungentuberkulose nicht aufgenommen und kam stattdessen als Gefangene in das Bochumer St. Josefs-Hospital. Obwohl Elfriede P. dort am 14. 05. 1944 verstarb, das ergaben Recherchen nach dem Krieg, wurde vom Standesamt der Stadt Bochum erst am 31.3.1947 eine Sterbeurkunde ausgestellt. [4]

Luise C.
* 10.06.1912

Luise C. war verheiratet und arbeitete als Reinigungsfrau im Bordell. Ihr Ehemann, Kranführer im Bochumer Verein, war ebenfalls angeklagt.

Am 03.11.1942 wurde sie zu vier Jahren Zuchthaus und vier Jahren Ehrverlust verurteilt.

Sie musste ihre Strafe im Frauenzuchthaus Anrath verbüßen. [5]

Aline L.
* 01.04.1920 in Vienne/Frankreich

Aline L. arbeitete als Prostituierte im Bordell für Zivilarbeiter.

Sie wurde ebenfalls am 03.11.1942 zu vier Jahren Zuchthaus und vier Jahren Ehrverlust verurteilt.

Als Ausländerin kam sie in verschiedene Strafanstalten:

· am 13.11.1942 ins Frauenzuchthaus Anrath

· am 19.10.1943 ins Gefangenenlager Rheda Oberems in Gütersloh

· am 14. 08.1944 ins Zuchthaus Waldheim

· am 10.10.1944 ins Frauenzuchthaus Cottbus

· am 10.11.1944 ins Frauenzuchthaus Janer

Es ist uns nicht bekannt, ob Aline L. überlebt hat. [6]

3 ebenda
4 Staatsarchiv Münster, Sondergericht Dortmund und Oberstaatsanwaltschaft Bochum vom 25.4.1942, Akte Nr. 755
5 ebenda
6 ebenda

Auch aus dem Bochumer Verein sind uns die beiden folgenden Frauen bekannt, die wegen „widerrechtlichen Umgangs mit Kriegsgefangenen" angeklagt wurden:

Waltraud K.
* 05.06.1924

Waltraud K. war ledig und Kranführerin beim Bochumer Verein.

Sie wurde von einem Vorarbeiter angezeigt, weil sie Briefe und Päckchen an französische Kriegsgefangene überbracht hatte und sich auch außerhalb des Lagers mit einem französischen Kriegsgefangenen getroffen hatte.

In einem Brief des „Abwehrbeauftragten der Werke des Bochumer Vereins" an die Geheime Staatspolizei (Gestapo) in Bochum vom 21.9.1944 heißt es:

„Die deutsche Gefolgschaftsangehörige Waltraud K. ...beschäftigt in unserer Geschossfabrik ... steht seit längerer Zeit im Verdacht, mit dem französischen Kriegsgefangenen ... verbotenen Umgang zu haben. Im Betriebe wurde beobachtet, daß beide längere Unterhaltungen führten und nach vertraulicher Mitteilung, sollen sich beide auch außerhalb des Werkes schon mehrmals getroffen und nächtelang zusammen gewesen sein." [7]

1944 kam Waltraud K. in Untersuchungshaft. Über ihr weiteres Schicksal ist uns nichts bekannt.

Else B.
* 17.04.1921

Else B. war ledig, stammte aus einer Bergarbeiterfamilie und war ebenfalls Kranführerin beim Bochumer Verein.

Auch ihr wurde „widerrechtlicher Umgang mit französischen Kriegsgefangenen" vorgeworfen.

Sie kam 1944 in Untersuchungshaft und wurde im gleichen Jahr zu zwei Jahren Zuchthaus und drei Jahren Ehrverlust verurteilt.

Else B. hat bei der Gerichtsverhandlung zugegeben, eine intime Beziehung zu einem französischen Kriegsgefangenen unterhalten zu haben. Dazu ein Zitat aus der Anklageschrift:

„Die Taten der Angeklagten wiegen sehr schwer. Die Angeklagte hat durch ihr Verhalten die Belange der Gemeinschaft stark gefährdet. Jeder Umgang mit Kriegsgefangenen ist gefährlich, da er den Gefangenen Gelegenheit zur Spionage, zur Flucht und auch zu Sabotageakten bietet und damit große Gefahren für die Wehrkraft des Deutschen Volkes nach sich ziehen kann. Die Angeklagte hat sich würdelos verhalten. Sie hat ihre Frauenehre in gröbster Weise verletzt und gegen ihre Pflichten als Deutsche verstoßen. Darüber hinaus hat sie das Ansehen der deutschen Frau im Auslande herabgesetzt." [8]

7 Staatsarchiv Münster, Sondergericht Dortmund, Akte Nr. 426
8 ebenda

Am 14. und 15.01.1943 fand am Sondergericht Dortmund eine Verhandlung gegen
mehrere **Beschäftigte der Ruhrstahl AG,
Annener Gusstahlwerke** in Witten-Annen
statt.

Sie wurden alle angeklagt, weil sie französischen Kriegsgefangenen Lebensmittel
gaben, und sie wurden wegen „verbotenen
Umgangs mit Kriegsgefangenen" verurteilt.

Wir dokumentieren hier nur die Schicksale der von dieser Anklage betroffenen
Frauen aus Bochum:

Ostarbeiterin

Martha Wibbelhoff, geb. Konradt
* 26.09.1914 in Bochum

Martha Wibbelhoff war verheiratet und
arbeitete als Reinigungsfrau bei der Ruhrstahl AG.

Am 05.09.1942 wurde sie verhaftet. Sie
befand sich sechs Wochen im Polizeigefängnis in der Uhlandstraße und dann
im Untersuchungsgefängnis in der ABC-
Straße. Martha Wibbelhoff wurde zu zwei
Jahren, sechs Monaten Zuchthaus und
drei Jahren Ehrverlust verurteilt, die Untersuchungshaft wurde angerechnet. Sie
befand sich vom 01.03.1843 – 05.03.1945 im
Strafgefangenenlager Rheda Oberems in
Gütersloh. [9]

Mathilde Boers, geb. Rosiepe
* 24.04.1910 in Wattenscheid

Mathilde Boers war Arbeiterin bei der
Ruhrstahl AG.

Sie wurde zu einem Jahr und sechs Monaten Zuchthaus verurteilt. [10]

Elise Stodt
* 11.03.1906 in Emmerzhausen

Elise Stodt war verheiratet und Arbeiterin
bei der Ruhrstahl AG.

Sie wurde zu drei Jahren, sechs Monaten
Zuchthaus und vier Jahren Ehrverlust verurteilt. [11]

Weitere Unterlagen konnten nicht gefunden werden.

9 Staatsarchiv Münster, Sondergericht Dortmund, Akte Nr. 2267
10 ebenda
11 ebenda

III. Opfer des Rassenwahns

„Durchdrungen von der Erkenntnis, daß die Reinheit des deutschen Blutes die Voraussetzung für den Fortbestand des Deutschen Volkes ist, und beseelt von dem unbeugsamen Willen, die Deutsche Nation für alle Zukunft zu sichern, hat der Reichstag" [1] 1935 einstimmig das *„Gesetz zum Schutz des deutschen Blutes und der deutschen Ehre",* bekannt als *„Blutschutzgesetz"* beschlossen, das Bestandteil der *„Nürnberger Gesetze"* ist. [2]

dhm.de/lemo/objekte/pict/d2/930437/index.html

Damit war endgültig klargestellt, dass in Europa artfremden Blutes regelmäßig nur die Juden und Zigeuner sind.

1. Jüdische Bevölkerung

Die seit der Machtergreifung der Nationalsozialisten betriebene stufenweise Entrechtung der jüdischen Bevölkerung zielte zunächst darauf ab, sie aus dem Land zu treiben. Jüdisches Leben ist in Bochum und Wattenscheid seit dem 17. Jahrhundert nachweisbar. Jüdische Bürger waren auf vielfältige Weise in das wirtschaftliche und gesellschaftliche Leben der Stadt eingebunden.

Der Prozess der Ausgrenzung begann mit dem Boykott jüdischer Geschäfte, Ärzte und Anwälte und endete mit der Vernichtung vieler Millionen Juden aus ganz Europa [3].

Anprangerung von jüdischen Geschäften in der NSDAP-Parteizeitung „Rote Erde" vom 20.05.1933

1 Gesetz zum Schutze des deutschen Blutes und der deutschen Ehre (15.09.1935), in: documentArchiv.de (Hrsg.), URL://www.documentArchiv.de/ns/nbgesetz01.html
2 Die Nürnberger Gesetze vom Sept. 1935, in: dhm.de (Hrsg.), URL:// www.dhm.de/lemo/html/dokumen-te/nuernberger-gesetze/index.html
3 Stadtarchiv Bochum (Hg.), Vom Boykott bis zur VernichtungLeben, Verfolgung, Vertreibung und Vernichtung der Juden in Bochum und Wattenscheid 1933 – 1945

Die Situation der Juden oder sogenannter Mischlinge in Bochum unterschied sich grundsätzlich nicht von der in anderen deutschen Städten, wenn auch die Tatsache, dass Bochum Gauhauptstadt von Westfalen-Süd war, sich verschärfend auswirkte [4].

1932 lebten noch über 1.100 Juden in Bochum. Bis Oktober 1938 sank ihre Zahl auf 644 und nahm auch danach stetig weiter ab. Mit dem Beginn des Zweiten Weltkrieges am 01.09.1939 waren jedoch Auswanderung und Flucht kaum noch möglich.

Im Herbst 1941 begann die systematische Vernichtung der Juden aus ganz Europa. Bochum hatte jetzt nur noch wenige jüdische Einwohner. Am 19.02.1941 betrug ihre Zahl nur noch 253.[5]

Ab Januar 1942 deportierten die Nazis die wenigen noch in Bochum und Wattenscheid lebenden Juden zunächst nach Dortmund. Dort wurden Juden aus dem Regierungsbezirk Arnsberg konzentriert und dann in Sammelzügen in die überwiegend in Osteuropa liegenden Konzentrations- und Vernichtungslager transportiert.

Bochumer Nordbahnhof

Auch Bochum selbst war „Sammelort" für die jüdische Bevölkerung aus den umliegenden Orten. Der Bochumer Ausgangspunkt war in der Regel der Nordbahnhof.

Wie viele Menschen man aus Bochum und Wattenscheid deportierte lässt sich heute nicht mehr genau ermitteln. Das Gedenkbuch „Opfer der Shoa aus Bochum und Wattenscheid" [6] nennt allein 500 Bochumer und 77 Wattenscheider Juden, die in den Vernichtungslagern starben.

4 Bochumer Anwalt- und Notarverein e.V. (Hrsg.), "Zeit ohne Recht", Recklinghausen 2002, Seite 23
5 Station 33, in: bochum.de (Hrsg.), URL:// www.bochum.de/leidenswege
6 Im Oktober 2000 wurde das Gedenkbuch "Opfer der Shoa aus Bochum und Wattenscheid", ein Gemeinschaftswerk der Evangelischen Stadtakademie, des Vereins Erinnern für die Zukunft und des Stadtarchivs, der Öffentlichkeit vorgestellt.

Else Hirsch mit ihren Schülerinnen und Schülern

Stellvertretend für die verfolgten Bochumer Jüdinnen seien hier genannt:

Else Hirsch [7] [8]

* 29.07.1889 in Bützow/Schwerin
† 1942 im Rigaer Ghetto

Else Hirsch war eine jüdische Lehrerin in Bochum, die in den Zeit des Nationalsozialismus Kindertransporte ins Ausland organisieren half. Else Hirsch kam 1927 von Berlin nach Bochum, um hier eine Lehrerinnenstelle an der jüdischen Schule zu übernehmen. Sie arbeitete ferner im Jüdischen Frauenverein und gab Hebräischunterricht für Mädchen.

Im Oktober 1937 nahm sie an einer Englischfortbildung bei der Reichsvertretung der Deutschen Juden in Berlin teil, um in Bochum mögliche Emigranten in Englisch unterrichten zu können.

Im Juni 1938 reiste sie auch nach Palästina, vermutlich, um Kontakt mit der Kinder- und Jugend-Alijah aufzunehmen.

7 Else Hirsch, in wikipedia.org (Hrsg.), URL:// www.wikipedia.org/wiki/Else_Hirsch
8 Wölk, Ingrid, u.a.: Vom Boykott bis zur Vernichtung. Leben, Verfolgung, Vertreibung und Vernichtung der Juden in Bochum und Wattenscheid 1933–1945. Hg. vom Stadtarchiv Bochum. Essen, 2002, Seite 162

Nach der Reichskristallnacht im November 1938, bei der auch die Synagoge in Bochum Opfer der Brandstiftung wurde, war die jüdische Volksschule Pflicht für alle jüdischen Schülerinnen und Schüler geworden. Else Hirsch begann in Absprache mit der jüdischen Reichsvertretung Transporte für Kinder und Jugendliche zusammenzustellen. Zwischen Dezember 1938 und August 1939 organisierte sie zehn Kindertransporte in die Niederlande und nach England.

Sie selbst verblieb als einzige jüdische Lehrperson bei den zurückgebliebenen Schülern, bis die Schule im September 1941 aufgelöst wurde.

Ende Januar 1942 wurde Else Hirsch zusammen mit einigen ihrer Schüler ins Rigaer Ghetto deportiert. Im Ghetto soll Else Hirsch nach Aussage eines überlebenden Schülers in einem Gebäude noch kurzfristig Unterricht für Kinder gegeben und Mahlzeiten für alte und schwache Menschen organisiert haben. Sie kam im Holocaust um. Ihr ist es zu verdanken, dass viele jüdische Jugendliche aus Bochum den Holocaust überlebt haben. In Bochum-Ehrenfeld wurde eine Straße nach Else Hirsch benannt.

Ottilie Schönewald, geb. Mendel [9]
* 1883 in Bochum † 1961

Ottilie Schoenewald ist geboren als Tochter des jüdischen Kaufmanns Isidor Mendel und seiner Frau Sophie Levy. Nach dem Besuch der Städtischen höheren Töchterschule und eines Pensionats heiratete sie 1905 den Bochumer Rechtsanwalt und Notar Dr. Siegmund Schoenewald.

Kurz danach wurde sie Mitglied der Bochumer Ortsgruppe des Bundes Deutscher Frauenvereine. Dort war sie besonders in der Frauenrechtsschutzstelle tätig. Während des ersten Weltkriegs wurde sie Vorsitzende des Nationalen Frauendienstes, eines Zusammenschlusses aller deutschen Frauenvereine zur Linderung der durch den Krieg verursachten sozialen Not.

9 Ottilie Schönewald, in: bochum.de (Hg.) URL://www.bochum.de/persoenlichkeiten/schoenewald.htm

Diese Tätigkeit machte sie in Bochum so bekannt, dass ihr 1919 von mehreren Parteien ein Mandat im Stadtparlament angetragen wurde. Gemäß ihrer politischen Einstellung entschied sie sich für die liberale Deutsche Demokratische Partei (DDP).

Ottilie Schoenewald gehörte damit zu den ersten weiblichen Bochumer Stadtverordneten. Darüber hinaus war sie die erste Frau, die im Stadtparlament das Wort ergriff. 1926 erneuerte sie ihr Mandat nicht mehr, weil sie damals in den Reichsparteiausschuss in Berlin gewählt wurde und sich damit ihre Arbeit von der lokalen auf die nationale und internationale Ebene verlagerte.

Im gleichen Jahr gründete sie eine Bochumer Ortsgruppe des Jüdischen Frauenbundes, dessen letzte Vorsitzende auf Reichsebene sie von 1934 bis zur Zwangsauflösung 1938 war. Außerdem hatte sie zahlreiche weitere Ämter inne. Sie gehörte dem Vorstand des Preußischen Landesverbandes jüdischer Gemeinden, des Central-Vereins deutscher Staatsbürger jüdischen Glaubens und der Vereinigung für das liberale Judentum an.

1939 konnte sie in letzter Stunde mit Mann und Tochter nach England emigrieren und von dort 1946 in die USA, wo sie wieder in der Sozial- und Frauenarbeit tätig war.

2. Sinti und Roma

Seit März 1943 wurden die in Bochum und Umgebung lebenden Sinti und Roma in mehreren Transporten nach Auschwitz gebracht. Auch hier war der Ausgangspunkt der Bochumer Nordbahnhof.

Im Westen Europas sind Sinti und Roma bereits seit dem 15. Jahrhundert ansässig. Hier versuchten alle Staaten, die Assimilation der Sinti und Roma mit Zwang durchzusetzen, was die Aufgabe der eigenen kulturellen Identität wie Sprache und Lebensgewohnleiten und die Annahme der Kultur der Aufnahmeländer bedeutete. Blieb dies erfolglos, so folgten Ausgrenzung und erneute Vertreibung. [10]

Die Diskriminierung der Sinti und Roma besaß in Deutschland und Europa damit eine historische Tradition. Aber erst die Nationalsozialisten schufen die Voraussetzungen für ihre systematische Verfolgung. Dies belegen zahlreiche rassistisch ausgeprägte Gesetze gegen Juden, Sinti und Roma und weitere aus der Gesellschaft ausgegrenzte Gruppen.

Eines der ersten Gesetze des „Dritten Reiches", das Sinti und Roma neben der verschärften Diskriminierung auch körperlich bedrohte, war das „Gesetz zur Verhütung des erbkranken Nachwuchses" vom 14. Juli 1933.

---

10 Berger, Lutz u.a.: Die Verfolgung der Sinti und Roma in Bochum und Wattenscheid. Hg.: VVN, Bochum, 2002, Seite 6

Sinti und Roma gerieten vor allem wegen angeblichen „erblichen Schwachsinns" in das Räderwerk des Erbgesundheitsgerichtes. Am Ende stand häufig die Zwangssterilisation. Zwar waren Sinti und Roma im Gesetzestext nicht explizit aufgeführt, jedoch weisen die Ausführungsbestimmungen für die Behörden diese Gruppe aus. [11]

Mit Beginn der Nazi-Herrschaft trat mithin eine deutliche Verschärfung der Diskriminierung und Verfolgung der Sinti und Roma ein. Dies erfolgte einerseits durch die Einbindung der schon vorhandenen antiziganischen Vorstellungen in der Rassenpolitik des NS-Staates, andererseits bekam der Verfolgungsapparat Kompetenzen, die weitreichendere Zugriffe erlaubten und dadurch die Organisierung von Verhaftungen und Deportationen vereinfachten. [12]

Sinti und Roma wurden immer wieder aus nichtigen Gründen verhaftet und in „Schutzhaft" genommen. [13]

Appolonia-Pfaus-Park, Februar 2007 [14]

Stellvertretend für die verfolgten Bochumer Sinti und Roma sei hier genannt:

Appolonia Pfaus [15]

* 18.01.1878 oder 1879 in der französischen Schweiz, † 12.05.1944 im Lager Birkenau bei Auschwitz

Appolonia Pfaus lebte zusammen mit dem Sinto Josef Winter. Sie hatte 11 Kinder und war damit Mitglied einer großen Sinto-Familie.

Die Familie Pfaus wurde wegen ihrer Zugehörigkeit zur Gruppe der Sinti und Roma nach Auschwitz verschleppt. Dort kamen neben Appolonia Pfaus fast alle Familienmitglieder um.

11 ebenda, Seite 20
12 ebenda, Seite 18
13 ebenda, Seite 40
14 Foto Appolonia Park: Stadtarchiv Bochum (http://www.bochum.de/leidenswege/lw34rechts.jpg)
15 Appolonia Pfaus, in: bo-alternativ.de (Hrsg.), URL: //www.bo-alternativ.de/VVN/VVN/Broschuere-Sinti-und-Roma/Appolonia-Pfaus.html

Im Rahmen eines Wiedergutmachungs-
verfahren für Appolonie Pfaus schrieb der
Polizeipräsident von Bochum am 11. Juni
1960:

*„Über die Appolonia Pfaus, geb. am
18.1.1878 oder 79 in der franz. Schweiz, sind
hier keine Unterlagen vorhanden. Aus der
Personenakte der Josefine Pfaus, geb. am
24.4.1924 in Kirchensall, sowie sonstiger
Aufzeichnung der Familienmitglieder Pfaus
geht eine Überführung der Appolonia Pfaus
in das ehemalige Konzentrationslager
Auschwitz nicht hervor. Aufgrund der
dienstlichen Kenntnisse des damaligen
Sachbearbeiters steht jedoch mit Sicherheit
fest, daß die Appolonia Pfaus s. Zt. gemein-
sam mit ihrem Sohn Peter Pfaus und dessen Familie (Ehefrau und Kinder) in das KL
Auschwitz transportiert worden ist."*

Im Gedenken und stellvertretend für alle
Sinti und Roma, die von den Nationalsozialisten verfolgt und ermordet worden
sind, hat die Stadt Bochum im Jahre 2004
den Park an der Windmühlenstraße in
Appolonia-Pfaus-Park umbenannt.

Emma Kreuz [1], geb. Georges

Emma Kreuz, damals noch Georges,
wurde am 30.06.1942 wegen Diebstahls
vom Amtsgericht Bochum zu 6 Monaten
Haft verurteilt. Nach Verbüßung dieser
Strafe wurde sie nicht entlassen, sondern
vielmehr am 10.12.1942 unter Schlägen in
polizeiliche Vorbeugehaft genommen.

Ein Nachbar schrieb später, daß *„Emma
Georges ... 1942 als rassisch Verfolgte dem
KL-Lager überwiesen wurde. Ihre Wohnung
wurde ... von der Gestapo ... verschlossen
und ... später der ganze Hausrat zu Schleu-
derpreisen verkauft, muss hier erwähnen,
daß Frl. Emma Georges einen gut einge-
richteten Hausrat besaß."* Emma Georges
blieb im Bochumer Polizeigefängnis, bis
sie im Januar 1943 ins KZ Ravensbrück verschleppt wurde. Dort war sie in einer
Strohflechterei beschäftigt.

Während dieser Zeit muß Emma Georges
geheiratet haben, denn eine andere
Gefangene aus Ravensbrück, Betty Hel-
big, erklärte: „Vom 10. Februar 1949 bis
zum 16. September 1943 war ich im Lager
Ravensbrück. Ich wurde dann nach dem
Lager Mauthausen ... abtransportiert. In
dem Lagen Ravensbrück war ebenfalls als
Häftling die mir bekannte Emma Kreuz,
geb. Georges ..., welche am 20. Januar 1943
in das Lager eingeliefert war. Bis zu meinem Abtransport nach Mauthausen blieb
Emma Kreuz in dem Lager; wohin sie später kam, ist mir nicht bekannt."

---

1 Berger, Lutz u. a.: Verachtet, vertrieben, verfolgt. Die Verfolgung der Sinti und Roma in Bochum und Wattenscheid.
VVN, Bochum 2002, Seite 40 ff.

Emma Kreuz wurde im Dezember 1943 in das KZ Bad bei Rostock gebracht. Später, im Oktober 1944, kam sie dann nach Schönefeld bei Berlin, wo sie zum Kriegsende von der Roten Armee befreit wurde.

Hier verlieren sich ihre Spuren.

Anmerkung:

Trotz intensiver Recherchen haben wir weder zu den Euthanasieopfern noch zu der Verfolgung lesbischer Frauen aus und in Bochum Material finden können.

Trotzdem sollte an die Verfolgung dieser beiden Gruppen von Frauen erinnert werden.

Waltraud Jachnow

IV. Zwangsarbeiterinnen in Bochum

Zwangsarbeiter, Fremdarbeiter, Ostarbeiter – ausländische Arbeitskräfte, während des Zweiten Weltkrieges mehr oder weniger unter Zwang oder anfangs mit falschen Versprechungen nach Deutschland gebracht, hielten die deutsche Kriegswirtschaft aufrecht. Es waren über 10 Millionen Menschen, die aus ihren Heimatländern verschleppt wurden und in Deutschland in allen Bereichen tätig waren. Ab 1942 kamen sie vor allem aus der ehemaligen Sowjetunion und stellten als so genannte „Ostarbeiter" in Bochum wie auch im gesamten Reich den größten Anteil.

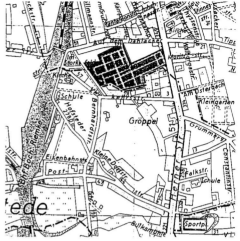

Stadtplanausschnitt 1952

Viele Jahrzehnte nach dem Krieg war sowohl Zwangsarbeit als auch das Schicksal und die Leiden dieser Menschen kein Thema in der bundesdeutschen Öffentlichkeit. Das macht uns eigentlich sprachlos angesichts der Tatsache, dass es 1944 in Bochum etwa 130 Zwangsarbeiterlager gab und in unserer Stadt 1944 mehr als 32.500 Zwangsarbeiterinnen und Zwangsarbeiter lebten. Das waren immerhin 17,5 Prozent der damaligen Bevölkerung.

Als die Gesellschaft Bochum-Donezk e.V. 1992 eine erste kleine Gruppe ehemaliger ZwangsarbeiterInnen aus Bochums Partnerstadt Donezk, früher Stalino im ukrainischen Donezbecken einlud, war die Resonanz in Bochum eher zurückhaltend.

Diese ersten Kontakte und persönlichen Begegnungen waren für uns tief beeindruckend.

Wir erhielten durch diese Menschen, die sich nach anfänglichem Misstrauen und Ängsten uns öffneten, Kenntnisse über die verschiedenen Facetten von Zwangsarbeit und von erschütternden Ereignissen.

Drei von diesen authentischen Geschichten, die vom Mut der ausländischen Frauen, aber auch von der couragierten Menschlichkeit junger Bochumerinnen zeugen, sollen hier vorgestellt werden.

Erschießung in den Gröppelwerken

Fünf junge Frauen und ein junger Mann wurden am 5. April 1945 im Lager der so genannten Gröppelwerke (Westfalia-Dinnendahl AG, WEDAG, Haupteingang Herner Straße/Ecke Verkehrsstraße) in Bochum, Verkehrsstraße 39 erschossen.

Kenntnis von diesem Verbrechen bekamen wir das erste Mal durch Sinaida Wolkowa.[1] Ein Donezker Journalist schrieb ihre Geschichte, schon vor ihrem Besuch in Bochum 1992 auf.

Sinaida Wolkowa berichtete, dass in den Gröppelwerken 12 Mädchen, die für Haushalts- und Küchenarbei-

Sinaida Wolkowa mit ihrem Sohn in Donezk im September 2000

ten eingesetzt wurden, in einem separaten Gebäude, der ehemaligen Gastwirtschaft Kepper, Verkehrsstraße 37, neben dem Lager gegenüber dem Werkstor, untergebracht waren. Sinaida Wolkowa gehörte wie die Erschossenen zu diesen Frauen.

Sie erlebte die Erschießung ihrer Freundinnen wenige Tage vor dem Einmarsch der amerikanischen Truppen und blieb nur verschont, weil sie ihr erstes Kind, einen ein Monate alten Säugling auf dem Arm trug.

In den Jahren 1992 bis 2006 berichteten nach Bochum eingeladene Zwangsarbeiter immer wieder von diesem schrecklichen Ereignis, das damals offensichtlich weit über die Gröppelwerke hinaus bekannt wurde und viele tief erschütterte. Alle bewunderten den Mut und den Stolz dieser jungen Frauen, die lieber in den Tod gingen, als ihre Freunde zu verraten, und die so zu Heldinnen der letzten Kriegstage wurden.

Wie andere Industriebetriebe beschäftigten auch die Gröppelwerke sowjetische Zwangsarbeiter, laut Prozessbericht waren es zu Kriegsende 220 bis 250 Personen, darunter 30 Frauen und Mädchen. Das so genannte Wohnlager bestand aus 3 Baracken, Verkehrsstraße 39 und dem Gastwirtschaftgebäude Kepper, Verkehrsstr. 37. Dahinter und seitlich erstreckt sich ein städtischer Friedhof. Am Lagereingang Verkehrsstraße befand sich ein kleines Wachhäuschen für die Lagerwache. Die Baracken umschlossen einen kleineren freien Platz. Das Baracken-

1 Siehe hierzu, wie auch zu den weiteren angesprochenen Schicksalen „...und die Erinnerung tragen wir im Herzen" Briefe ehemaliger Zwangsarbeiter – Bochum 1942-1945, Hrsg. Waltraud Jachnow, Sabine Krämer, Wilfried Korngiebel, Susanne Slobodzian für die Initiative „Entschädigung jetzt" Kamp, Bochum 2002.

gelände einschließlich Lagerplatz war ein-
gezäunt.

Alexander Oskolkow aus Donezk, mit 16
Jahren nach Deutschland verschleppt,
1994 zu Gast in Bochum, schilderte uns
die Hintergründe der Erschießung.

Seit 1944 wurde das Ruhrgebiet massiv
bombardiert, auch Betriebe und Lager
wurden zerstört. Die so wohnungs- und
herrenlos gewordenen Zwangsarbeiter
versteckten sich häufig in den Ruinen.
Alexander Oskolkow war mit einem
Freund – Iwan Krawzow - aus einem Lager
geflohen. Sie gaben sich als „Ausge-
bombte" aus und hielten sich zwei
Monate unter falschem Namen im Gröp-
pellager auf, wo sie engen Kontakt zu den
später erschossenen Frauen hatten.

Alexander Oskolkow schilderte uns bereits
1992 Folgendes in einem Brief:

*„Wir hatten eine Gruppe, die anfangs aus
11, später aus mehr Menschen bestand. In
den letzten Monaten des Krieges versteckten wir uns in den Häuserruinen, die
durch die Bombardements der anglo-ame-
rikanischen Flugzeuge entstanden waren.
Eines Abends wurde unser Kamerad Iwan
Frolow auf dem Gelände des Lagers Gröppel von Polizisten gefasst. Wenn er vor dem
sicheren Tod gerettet werden sollte, musste
der Kommandant des Lagers Beckmann* [es
handelte sich nicht um den Kommandan-
ten, sondern eine Lagerwache W.J.] *vernichtet werden. Unser Anführer Iwan Kraw-*

Alexander Majak, Zwangsarbeiter, vor einer
Lagerbaracke

*zow erschoss ihn. Am 5. April wurden auf
Grund dieses Ereignisses auf dem Lagergelände fünf junge Frauen und ein junger
Mann von der Gestapo festgenommen. Das
waren jene, die unseren Aufenthaltsort
kannten, aber uns sogar angesichts des
Todes nicht auslieferten. Unter ihnen war
Tamara Kaliwerda, die Iwan Krawzow
liebte und regelmäßig mit uns in Verbindung stand, und ein Mitglied unserer
Gruppe Jewgenij Loschkarjow. Sie starben
für uns. Ihre Leichen wurden dort auf dem*

Lagergelände in einen Bombentrichter geworfen und mit Erde zugeschüttet. ... direkt neben dem benachbarten städtischen Friedhof, auf dem wir uns oft in den Nächten verborgen haben."

Deutsche Zeitzeugen, nach denen wir ab 1992 suchten, haben sich nie gemeldet. Es gibt jedoch einen Gerichtsbericht. [2] 1954 kam es vor dem Landgericht Bochum zu einem Verfahren gegen die an der geschilderten Erschießung beteiligten Gestapoleute.

Zum Aufgabenbereich, so wird hier aufgelistet, der Geheimen Staatspolizei gehörte es unter anderem, die von den „Fremdarbeitern" ausgehenden Gefahren für die allgemeine Sicherheit und Ordnung zu bekämpfen.

„Arbeitskräfte aus dem altsowjetischen Staatsgebiet" sollten bei schweren Verstößen (Mord, Totschlag, Raub) einer „Sonderbehandlung" unterzogen werden, d.h. sie wurden getötet.

Über die Lagerleitung wird berichtet: *„Verantwortlich für Ruhe, Ordnung und Sauberkeit in dem Lager war der deutsche Lagerleiter BR... Er war bei den Fremdarbeitern als gerecht und korrekt geachtet und geschätzt.* [Später wird ausgeführt, dass er als einziger nach der Befreiung Bochums durch die Amerikaner es wagen konnte, das Lager noch zu betreten. W.J.]. *Ihm zur Seite standen eine Anzahl von Wachleuten, darunter ein gewisser Beck-*

mann. Letzterer fühlte sich... gewissermaßen als zweite Lagerleitung. Er war bei den Fremdarbeitern – im Gegensatz zu dem Lagerleiter – geradezu verhasst.

Die Lagerinsassen verhielten sich im Großen und Ganzen ruhig und verrichteten ihre Arbeit zufrieden stellend. Der männlichen Lagerbelegschaft war es grundsätzlich untersagt, die weiblichen Lagerangehörigen in ihren Wohnräumen zu besuchen. Es war aber der Lagerleitung bekannt und wurde stillschweigend geduldet, dass das Verbot nicht immer eingehalten wurde.

In den späten Abendstunden des 4. April 1945 hatte Beckmann in einem der Wohnräume der im Gebäude Kepper untergebrachten russischen Mädchen, wo er an sich um diese Zeit nichts zu suchen hatte, ... zwei lagerfremde männliche Russen festgestellt. Dem einen... gelang es zu fliehen, während der andere von Beckmann... festgenommen wurde. Der Festgenommene... wurde zum Wachhäuschen gebracht. Hier wurde ihm eine Pistole abgenommen... Auf Anordnung des [inzwischen informierten Lagerleiters] sollte er zum Pförtnerhaus ... am Haupteingang, Hernerstraße gebracht werden.

Als sie – es war inzwischen seit der Festnahme des Russen etwa eine Stunde vergangen... – in der Nähe des großen Werktores... waren, fielen aus der Dunkelheit plötzlich Schüsse.

---

2 Lfd. Nr. 400, NS-Gewaltverbrechen in Lagern; Verbrechen der Endphase, Bochum 1942-April 1945; 25. März - 8. April 1945, LG Bochum vom 22.5.1954, 17 Ks 2/53, BGH vom 7.7.1955, 4 StR 121/55, danach wird im Folgenden zitiert.

Einer von ihnen traf Beckmann tödlich. [Dabei] entfloh auch der festgenommene Russe [Frolow]... Die Erschießung Beckmanns wurde noch in der gleichen Nacht der Gestapo gemeldet...

Am folgenden Morgen wurde bei der Gestapo der Befehl erteilt, sich mit Maschinenpistolen zu bewaffnen... und zum Fremdarbeiterlager Gröppel zu fahren. Hier sollte wegen der erfolgten Erschießung von Beckmann aus Vergeltungs- und Abschreckungsgründen eine Anzahl von Lagerinsassen vor der versammelten übrigen Lagerbelegschaft erschossen werden.

Alle Lagerinsassen wurden von ihren Arbeitsplätzen herbeigerufen.

Der Lagerleiter wurde verständigt. Als er auf dem Lagerplatz ankam, sah er eine „Gruppe von 20-30 vorwiegend weibliche Fremdarbeiter... von den übrigen abgesondert". Er schloß daraus, „dass diese Gruppe erschossen werden sollte. Darauf begann er auf [den Gestapobeamten] Schmook einzureden mit dem Ziel, die Erschießung zu verhindern... Im Laufe der Unterredung gelang es [dem Lagerleiter] nach und nach einzelne von den 20 – 30 Personen durch Zeichen mit der Hand dazu zu veranlassen, sich wieder unter die Masse der übrigen Lagerarbeiter... zu mischen. Schließlich waren nur noch 5 russische Mädchen und ein junger Russe an der Barackenwand zurückgeblieben...

Schmook rief nun den mit Maschinenpistolen bewaffneten Gestapoleuten zu: ‚sie sollten voran machen, damit man bald wieder wegkomme'.

Der junge Russe versuchte noch seitlich wegzulaufen, brach aber unter der Maschinengewehrsalve ebenso wie die fünf Frauen tot zusammen.

Es folgte die Anordnung, die Erschossenen alsbald zu beerdigen. Der gesamte Aufenthalt der 4 Gestapoleute im Lager hatte nicht länger als 20 – 30 Minuten gedauert."

Sie starben für uns – bekennt Alexander Oskolkow, der es nie versäumt, wenn er in Bochum ist, am Gräberfeld 34 auf dem Friedhof am Freigrafendamm Blumen nieder zu legen.

Oskolkow mit seiner Frau Tamara am Gräberfeld

Wir nannten sie Mia

1997 bat eine ehemalige Zwangsarbeiterin, Emilija Opryschtschenko, in einem Brief um die Bestätigung ihres Aufenthaltes in Deutschland. Emilija war noch nicht 16 Jahre alt, als sie im Herbst 1942 nach Soest verschleppt wurde.

Sie floh von dort, kam in das Bochumer Gefängnis, anschließend ins Bergwerk. Nach einer erneuten Flucht halfen ihr drei deutsche Mädchen Margret, Lisbet und Klärchen, Arbeit im Restaurant „Roter Hirsch", Bochum-Weitmar, Hattinger Straße 401 zu finden. Die Passfotos dieser Mädchen, ihrer damaligen deutschen Freundinnen, schickte Emilija mit. Als wir sie im Stadtspiegel Bochum veröffentlichten, meldete sich Margret.

Sie bestätigte Emilijas Angaben und erzählte von ihrer Freundschaft mit Mia, wie sie genannt wurde. Mia lernte sehr schnell Deutsch und konnte besonders geschickt kalte Platten garnieren. Obwohl ein freundschaftlicher Umgang bei Strafe untersagt war, ließen sich die Mädchen nicht einschüchtern. Einmal kam es zu einer besonders gefährlichen Situation, als beide Mädchen verbotenerweise zusammen in der Dachstube waren und die Polizei das Restaurant und das Haus kontrollierte. Mia versteckte sich damals voller Angst im Schrank.

Emilija (Mitte) in Soest –Stadtspiegel,
Foto von Margret aus dem Stadtspiegel (rechts)

Die Freundschaft endete, als bei dem großen Angriff auf Bochum am 9.10.1944 Bomben auch auf den „Roten Hirsch" fielen und Mia anschließend zu der Organisation TODT kam.

Voller Freude nahm Margret 1997 den Kontakt wieder auf. Aus Gesundheitsgründen wagte sie es zu ihrem großen Bedauern nicht mehr, Mia in der Ukraine zu besuchen. Ein intensiver Briefwechsel dauerte jedoch bis zum Tode von Mia im Mai 2000 an. Die halbblinde Mia strickte „ihrer Margret" Wollstrümpfe und schickte sie nach Bochum.

Küche

Ich habe sie auf den Armen gehalten

Die Gesellschaft Bochum-Donezk e.V. lud 1999 eine Gruppe von Zwangsarbeiter-Innen, darunter auch Klawa Owtschinni-kowa, die in der Küche der Zeche Caroline in Bochum-Kornharpen gearbeitet hatte, nach Bochum ein.

Die Zeche Caroline, die 1940 zur Groß-schachtanlage Robert Müser gehörte, hatte wie alle anderen Zechen ein Zwangsarbeiterlager (Kornharpener Str. 315). Aus dem Bericht an den Kreisleiter

Zeche Caroline mit Barackenlager vorne rechts

der NSDAP vom 14. Juni 1943 ist vermerkt, dass sich dort 56 „verschiedene Auslän-der" und 241 männliche und 6 weibliche „Ostarbeiter" befanden. Das unmittelbar zu Caroline gehörende Lager war kleiner. Die hier untergebrachten Zwangsarbeiter konnten sich – vor allem gegen Kriegs-ende – freier bewegen als in anderen gro-ßen Lagern.

Klawa konnte aus gesundheitlichen Grün-den nicht mehr reisen. An ihrer Stelle kam Tochter Ljuba, die am 05.03.1945 als Kind von Klawdija und Dmytro Owtschinnikow, ebenfalls Zwangsarbeiter auf Caroline, geboren wurde.

Geburtsurkunde von Ljuba

Auf Grund eines Zeitungsberichtes mel-dete sich Else Sunkel aus Kornharpen und erzählte, dass sie mit Klawa befreundet gewesen sei und Schwangerschaft und Geburt im Maria-Hilf-Krankenhaus mit-erlebt habe. Ljuba besuchte Else und berichtete, dass die Mutter viel von ihr gesprochen habe.

Ljuba und Else Sunkel

Überhaupt hatte die Mutter die Örtlich-keiten so gut beschrieben, dass Ljuba vie-les wieder entdeckte. Besonders groß war die Freude, als Else Fotos aus jener Zeit, vor allem dieses Foto der Eltern von Ljuba hervorholte.

Klawa und Dmitrij

Klawa besaß kein einziges gemeinsames Foto mit ihrem früh verstorbenen Mann. Nun hängt eine Vergrößerung bei ihr in Donezk.

Else Sunkel berichtete aber auch, dass ihre Mutter, die ihr für die neugeborene Ljuba Babysachen mitgab, von den Nachbarn angefeindet wurde. Ihr wurde sogar gedroht, dass man sie anzeige.

Zu diesen Gesten der Menschlichkeit gehörte Mut. Dass sie damals von den Zwangsarbeitern dankbar wahrgenom-men wurden, erfuhren wir auch von Was-silij Maljarenko, der ebenfalls auf Caro-line gearbeitet hatte. Als er 2002 in Bochum war, besuchte er Else Sunkel. Er erinnerte sich an sie und ihr fröhliches und freundliches Wesen den Zwangarbeitern gegenüber, mit dem sie ihnen allen Zuver-sicht gab, dass sie diese furchtbare Zeit überleben werden. In Erinnerung an sie – schrieb er später – wurde seine im Jahre 2005 geborene Enkelin Elisa (Elsa) ge-nannt.

Nachwort

LIED EINER DEUTSCHEN MUTTER

Mein Sohn, ich hab dir die Stiefel
Und dies braune Hemd geschenkt:
Hätt ich gewußt, was ich heut weiß
Hätt ich lieber mich aufgehängt.

Mein Sohn, als ich deine Hand sah
Erhoben zum Hitlergruß
Wußt ich nicht, dass dem, der ihn grüßet
Die Hand verdorren muß.

Mein Sohn, ich höre dich reden
Von einem Heldengeschlecht
Wußte nicht, ahnte nicht, sah nicht:
Du warst ihr Folterknecht.

Mein Sohn, und ich sah dich marschieren
Hinter dem Hitler her
Wußte nicht, dass, wer mit ihm auszieht
Zurück kehrt er nimmermehr.

Mein Sohn, du sagtest mir, Deutschland
Wird nicht mehr zu kennen sein.
Wußt nicht es würde werden
Zu Aschen und blut`gem Stein.

Sah das braune Hemd dich tragen
Hab mich nicht dagegen gestemmt
Denn ich wusste nicht,
    was ich heut weiß:
Es war dein Totenhemd.

Bertolt Brecht [1]

Heute wissen wir mehr über die wirtschaftlichen und politischen Hintergründe und Zusammenhänge des Faschismus in Deutschland und wir kennen die grausamen Folgen dieser Terrorherrschaft.

Gerade deshalb wollen wir mit unserer Broschüre diese mutigen Bochumer Frauen (1933 – 1945) vor dem Vergessen bewahren und von ihrem antifaschistischen Widerstand und ihrem Einsatz für eine friedliche, demokratische und gleichberechtigte Gesellschaft für heute lernen.

Die Überlebenden des Konzentrationslagers Buchenwald hatten in ihrem legendären „Schwur von Buchenwald" ein deutliches Zeichen gesetzt: *„Die Vernichtung des Nazismus mit seinen Wurzeln ist unsere Losung. Der Aufbau einer neuen Welt des Friedens und der Freiheit ist unser Ziel."*

Niemals wieder sollten Faschisten Einfluss oder gar Macht bekommen – nicht in Deutschland und nirgendwo in der Welt.

Das Grundgesetz ist eine antifaschistische Verfassung und gibt weder alten noch neuen Naziorganisationen ein Existenzrecht. Es verbietet die Diskriminierung aus rassistischen, religiösen und anderen Gründen, die Aufstachelung zum Rassenhass und die Vorbereitung und Führung von Angriffskriegen.

Das Strafgesetzbuch kriminalisiert die Verbreitung faschistischer Ideologie. *„Politisch, historisch und moralisch ist Faschis-*

---

1 Brecht, Bertolt: Gesammelte Werke, Frankfurt am Main: Suhrkamp Verlag, 1977, S. 854

mus keine Meinung unter vielen, sondern ein politisches Verbrechen." [2]

Und trotzdem wurden und werden heute immer noch Menschen Opfer rechter Gewalt, zu Tode getreten, geprügelt, bedroht, weil sie im Weltbild von Rechtsextremisten keinen Platz haben oder einfach nur den Mut hatten, Nazi–Parolen zu widersprechen. Es werden Gedenkfeiern gestört, jüdische Friedhöfe und antifaschistische Mahnmale zerstört, faschistische Demonstrationen, Aufmärsche und Propagandaveranstaltungen durchgeführt mit ausländerfeindlichen, rassistischen, nationalistischen, faschistischen und antisemitischen Inhalten.

Heute, im Zeitalter von Internet und antifaschistischer Aufklärung können wir wissen, was die zahlreichen rechten Gruppierungen und neofaschistischen Parteien und ihre Unterorganisationen wollen und wir müssen ihre rassistische und faschistische Ideologie, ihre Geschichtsfälschung und Lügen durchschauen.

Vor allem junge Menschen sind hier gefordert.

Die Symbole und Codes, Embleme und Logos der Neonazis und der rechten Jugendkultur – auch in diversen Musikrichtungen und Kleidungsstilen – sind immer schwieriger zu entschlüsseln.

Die Geschichte hat uns gelehrt, wie wichtig ein rechtzeitiges Erkennen und konsequentes couragiertes Eingreifen gegenüber der faschistischen Gefahr ist und wie gefährlich ihre Verharmlosung, Verschleierung und Vertuschung.

Sie hat uns aber auch gezeigt, dass nur ein gemeinsamer, solidarischer Zusammenhalt, ein breites antifaschistisches Bündnis ungeachtet verschiedener Weltanschauungen ähnliche Entwicklungen verhindern kann.

Deshalb hat sich in Bochum 2006 das Bündnis „Eine Stadt solidarisch – Nazis keine Chance – Bochum gegen rechts" gegründet und es führte seither verschiedene Veranstaltungen gegen Ausländerfeindlichkeit, Rechtsradikalismus und Neonazis durch.

Natürlich konnten wir nicht alle Schicksale von Bochumer Frauen im Widerstand und in der Verfolgung aufspüren, bleiben viele Frauen weiterhin unbekannt und ungenannt im Hintergrund.

Sollten Sie weitere Hinweise und Informationen zur Verfügung stellen wollen, wenden Sie sich bitte an unsere Projektgruppe „Wider das Vergessen" im Frauenverband Courage e.V. Bochum.

2 Antifa, Magazin der VVN-BdA für antifaschistische Politik und Kultur, Beilage Juli August 2006, S.1

Literaturauswahl

Anwalt- und Notarverein Bochum (Hg.): „Zeit ohne Recht". Justiz in Bochum nach 1933. Dokumentation einer Ausstellung. Recklinghausen 2002

Benz, Ute (Hg.): Frauen im Nationalsozialismus. München: Beck, 1993

Frauen unterm Hakenkreuz. Berlin: Elefanten Press, 1983

Gleising, Günter: 60 Jahre Tätigkeit der VVN in Bochum und Wattenscheid, Teil 1: 1946-1972, Heft 9 der Schriftenreihe zur antifaschistischen Geschichte Bochums. Bochum: RuhrEcho Verlag, 2006

Grebing, Helga (Hg): Das „andere Deutschland" im Widerstand gegen den Nationalsozialismus. Essen: Klartext Verlag, 1994

Füllberg-Stolberg, Claus (Hg.): Frauen in Konzentrationslagern. Bremen: Ed. Temmen, 1994

Frauenreferat d. Ev. Kirchenkreises Bochum u. Offene Altenarbeit d. Inneren Mission - Diakonisches Werk Bochum e.V. (Hg.): Das weiß ich noch wie heute - Bochumer Frauen erzählen. Bochum: biblioviel Verlag, 2006

Ebbinghaus, Angelika (Hg.): Opfer und Täterinnen. Frankfurt am Main: Fischer-Taschenbuch-Verlag, 1996

Elling, Hanna: Frauen im deutschen Widerstand. Frankfurt am Main: Röderberg, 1981

Hervé, Florence: „Wir fühlten uns frei". Essen: Klartext Verlag, 1997

Jachnow, Waltraud u.a.: „... und die Erinnerung tragen wir im Herzen" – Briefe ehemaliger Zwangsarbeiter Bochum 1942 – 1945. Bochum: Kamp, 2002

Jacobeit, Sigrid (Hg.): „Ich grüße Euch als freier Mensch". Berlin: Ed. Hentrich, 1995

Neue Gesellschaft für Bildende Kunst und Kunstamt Kreuzberg (Hg.): Faschismus. Berlin: Elefanten Press Verlag, 6. Auflage, 1980

Kuhn, Annette: Frauenpolitik im NS-Staat. Düsseldorf: Pädagog. Verlag Schwann, 1982

Kuhn, Annette: Frauenarbeit und Frauenwiderstand im NS-Staat. Düsseldorf: Pädagog. Verlag Schwann, 1982

Matzen-Stöckert, Siegrid: Frauen im Faschismus – Frauen im Widerstand 1933 bis 1945. In: Hervé Florence (Hg.): Geschichte der deutschen Frauenbewegung. Köln: Pahl-Rugenstein, 1987

Miller, Susanne: Änne und Josef Kappius – Handeln nach sozialistischer Ethik, in: Faulenbach, Bernd/ Högl, Günther (Hrsg.): Eine Partei in ihre1r Region – Zur Geschichte d. SPD im westl. Westf.. Essen 1988

Schneider, Wolfgang: Frauen unterm Hakenkreuz. Hamburg: Hoffmann und Campe, 2001

Stadtarchiv Bochum (Hg.): Opfer der Shoa aus Bochum und Wattenscheid. Ein Gemeinschaftswerk der Evangelischen Stadtakademie, des Vereins Erinnern für die Zukunft und des Stadtarchivs. Bochum 2000

Stadtarchiv Bochum (Hg.): Vom Boykott bis zur Vernichtung: Leben, Verfolgung, Vertreibung und Vernichtung der Juden in Bochum und Wattenscheid 1933 – 1945, Konzeption und Red.: Ingrid Wölk, bearbeitet von Rainer Adams, Andreas Halwer, Eberhardt Heupel und Ingrid Wölk, Essen: Klartext Verlag, 2002

Vereinigung der Verfolgten des Naziregimes - Bund der Antifaschisten, Kreisvereinigung Bochum (VVN) (Hg.): Verachtet, vertrieben, verfolgt. Die Verfolgung der Sinti und Roma in Bochum und Wattenscheid. Lutz Berger, Christine Eiselen und Volker Gerwers, Bochum 2002

Vereinigung der Verfolgten des Naziregimes - Bund der Antifaschisten, Kreisvereinigung Bochum (VVN) (Hg.): Die Verfolgung der Juden in Bochum und Wattenscheid. Die Jahre 1933- 1945 in Berichten, Bildern und Dokumenten. Bochum 1933

Vereinigung der Verfolgten des Naziregimes - Bund der Antifaschisten, Kreisvereinigung Bochum (VVN)

(Hg.):Widerstand und Verfolgung in Bochum und Wattenscheid. Bochum 1988

Wickert, Christl: Frauen gegen die Diktatur - Widerstand und Verfolgung im nationalsozialistischen Deutschland. in: Steinbach, Peter u.a. (Hg.): Schriften der Gedenkstätten deutscher Widerstand. Berlin : Druckhaus Hentrich, 1995

Wiggershaus, Renate: Frauen unterm Nationalsozialismus. Wuppertal: Hammer, 1984

Zehnter, Annette: Widerstand und Verfolgung in Bochum und Wattenscheid 1933-1945. Essen: Klartext-Verlag, 1992

Quellenverzeichnis

Staatsarchiv Münster:
Entschädigungsakten Reg.Bez. Arnsberg

Staatsarchiv Münster:
Sondergericht Dortmund

Staatsarchiv Münster:
Akte Generalstaatsanwaltschaft Hamm

Stadtarchiv Bochum

Stadt Bochum, Presse- und Informationsamt

Bildnachweis

Stadtarchiv Bochum:
Seite 13, 14, 15, 46, 60, 62, 63, 65

Deutsches Historisches Museum Berlin:
Seite 8, 9, 11, 12, 59

Stadt Bochum, Presse- und Informationsdienst:
Seite 35, 61

Archiv der Gesellschaft Bochum - Donezk e.V.:
Seite 68, 69, 70, 72, 73, 74, 75

Archiv ausZeiten:
Seite 25

Fotos aus Privatbesitz:
Seite 4, 5, 7, 14, 18, 23, 24, 31, 34, 36, 37, 38, 41, 52, 53, 55, 67

Liste der Frauennamen

Aus Datenschutzgründen werden die vollen Namen einiger Frauen nicht veröffentlicht